START! 첫걸음

파워포인트 2016
단계별 정복하기

● 실력 향상을 위한 다양한 실습 문제 수록　　● 최종 정리를 위한 종합 문제 수록

이 책의 특징

예제 소스는 아티오(www.atio.co.kr) [자료실]에서 다운받으시면 됩니다.

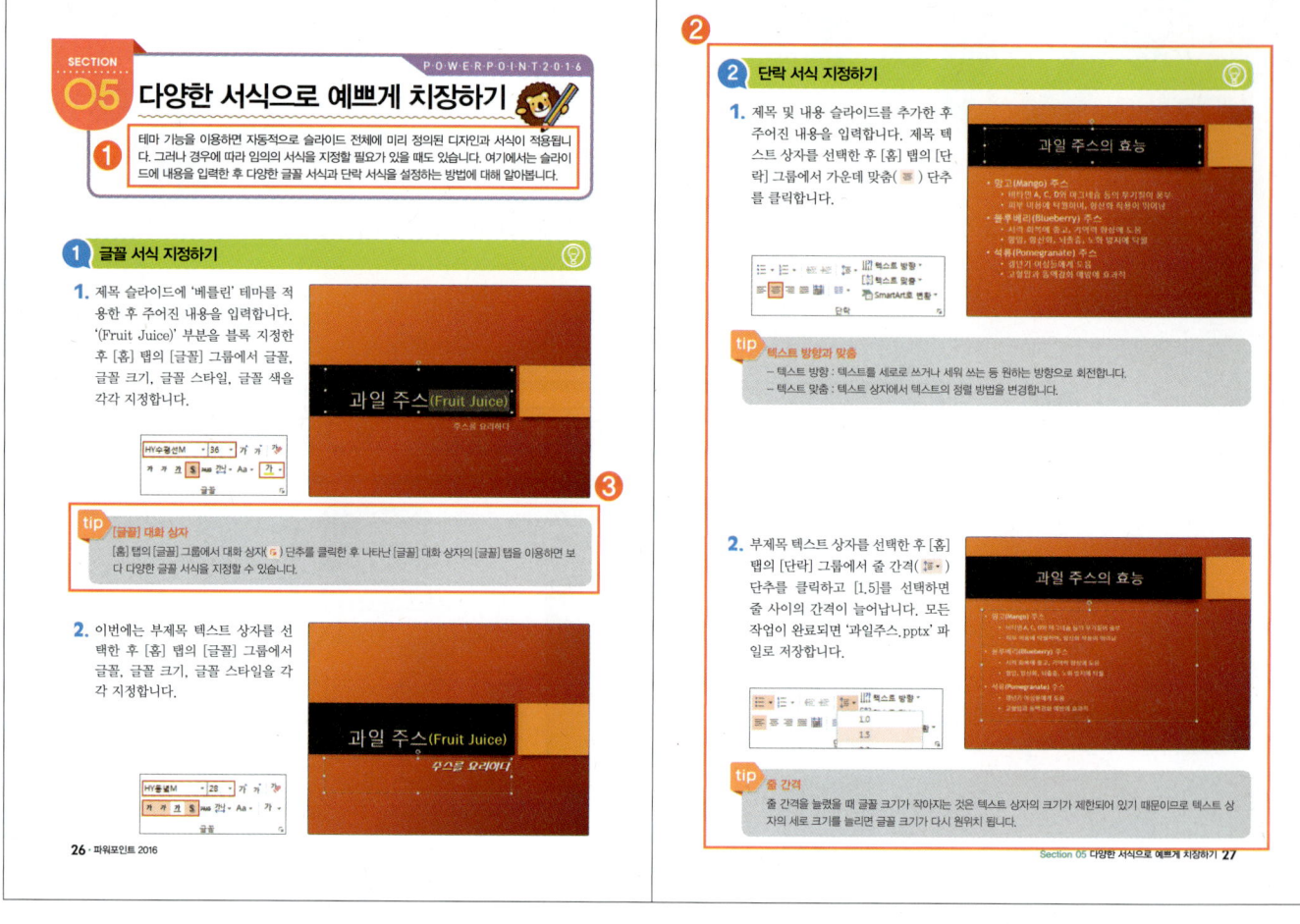

❶ 섹션 설명
해당 단원에서 배울 내용에 대한 전체적인 개념을 짚어줌으로써 단원에 대한 이해도를 증진시키도록 합니다.

❷ 따라하기
본문 내용을 하나씩 따라해 가면서 실습하다 보면 자연스럽게 관련 기능을 이해하여 활용할 수 있도록 하였습니다.

❸ Tip
실습을 따라하는 과정에서 알아두면 도움이 되는 내용 및 저자만이 가지고 있는 다양한 노하우를 제공합니다.

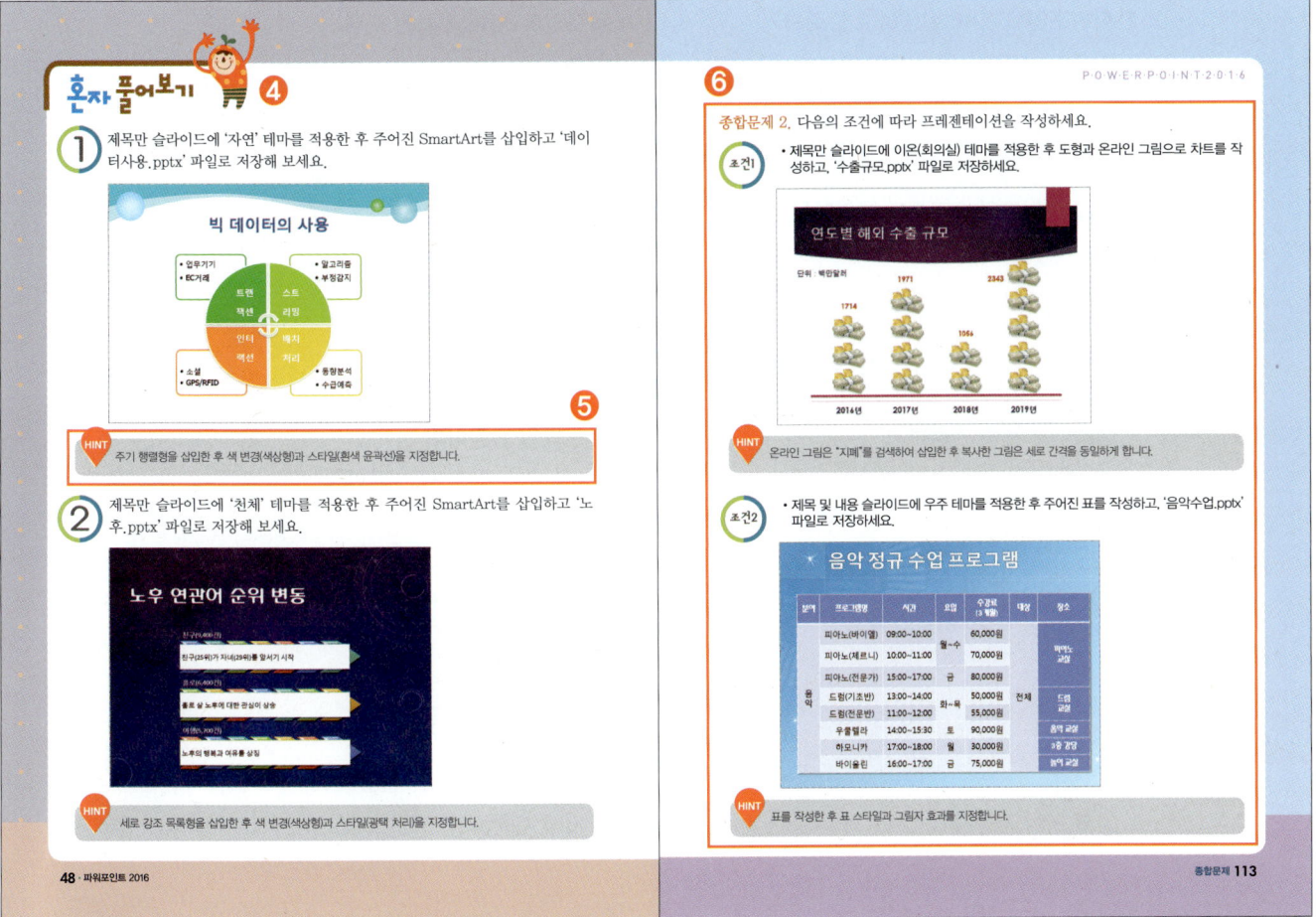

❹ 혼자 풀어보기

본문에서 배운 내용을 다양한 예제를 통하여 실습하면서 확실하게 익힐 수 있도록 실습 문제를 담았습니다.

❺ HINT

혼자 풀어볼 때 도움을 줄 수 있는 핵심 내용을 제공합니다.

❻ 종합 문제

본문을 모두 학습한 후 배운 내용을 총정리할 수 있는 다양한 종합 문제를 담아 실력 향상을 할 수 있도록 하였습니다.

차 례

Section 01 파워포인트 2016 기본기 다지기 6
1. 파워포인트 2016 실행하고 종료하기
2. 파워포인트 2016의 화면 구성

Section 02 새 프레젠테이션 만들고 저장하기 12
1. 새 슬라이드와 슬라이드 레이아웃
2. 슬라이드에 텍스트 입력하기
3. 프레젠테이션 저장하기

Section 03 테마와 배경 스타일 지정하기 18
1. 슬라이드 테마 변경하기
2. 배경 스타일 변경하기

Section 04 특수 문자와 한자 입력하기 22
1. 기호(특수 문자) 입력하기
2. 한자 변환하기

Section 05 다양한 서식으로 예쁘게 치장하기 26
1. 글꼴 서식 지정하기
2. 단락 서식 지정하기

Section 06 글머리 기호와 번호 매기기 30
1. 글머리 기호 삽입하기
2. 번호 매기기

Section 07 도형 삽입하고 꾸미기 36
1. 도형 삽입과 텍스트 추가하기
2. 도형 서식 지정하기

Section 08 WordArt로 텍스트 꾸미기 42
1. WordArt 삽입하기
2. WordArt 편집하기

Section 09 SmartArt 그래픽 이용하기 46
1. SmartArt 그래픽 삽입하기
2. SmartArt 그래픽 편집하기

Section 10 그림 삽입하고 꾸미기 50
1. 그림 파일로 슬라이드 꾸미기
2. 온라인 그림으로 슬라이드 꾸미기

Section 11 표 작성하고 디자인하기 — 56

1. 표 삽입하기
2. 표 편집하기
3. 표 디자인하기

Section 12 차트 작성하고 디자인하기 — 64

1. 차트 삽입하기
2. 차트 편집하기

Section 13 슬라이드 마스터 디자인하기 — 70

1. 슬라이드 마스터 디자인
2. 슬라이드 레이아웃 디자인

Section 14 화면 전환 효과 적용하기 — 74

1. 화면 전환 효과 설정하기
2. 슬라이드 이동 시간 설정하기

Section 15 애니메이션 효과 활용하기 — 78

1. 일반 애니메이션 적용하기
2. 고급 애니메이션 적용하기

Section 16 슬라이드 쇼 보기 — 84

1. 슬라이드 쇼 보기
2. 슬라이드에 주석 사용하기

Section 17 비디오와 소리 삽입하기 — 90

1. 온라인 비디오 삽입하기
2. 온라인 그림에 소리 삽입하기

Section 18 하이퍼링크와 실행 단추 적용하기 — 96

1. 하이퍼링크 설정하기
2. 실행 단추 설정하기

Section 19 슬라이드 예행 연습하기 — 102

1. 슬라이드 예행 연습하기

Section 20 슬라이드 인쇄하기 — 106

1. 슬라이드 인쇄 설정하기

종합문제 — 110

SECTION 01 파워포인트 2016 기본기 다지기

P·O·W·E·R·P·O·I·N·T·2·0·1·6

파워포인트는 발표회, 설명회, 세미나 및 기업(단체)의 업무 보고 등을 위해 슬라이드 형식의 그래픽 문서를 작성하는 프로그램입니다. 여기에서는 첫 단계로서 파워포인트 2016의 실행과 종료 방법 그리고 화면 구성에 대해 살펴봅니다.

1 파워포인트 2016 실행하고 종료하기

1. 작업 표시줄에서 [시작] 단추를 클릭한 후 [PowerPoint 2016]을 차례로 선택하여 파워포인트 2016이 실행되면 [새 프레젠테이션]을 클릭합니다. 그러면 다음과 같은 기본 화면이 나타납니다.

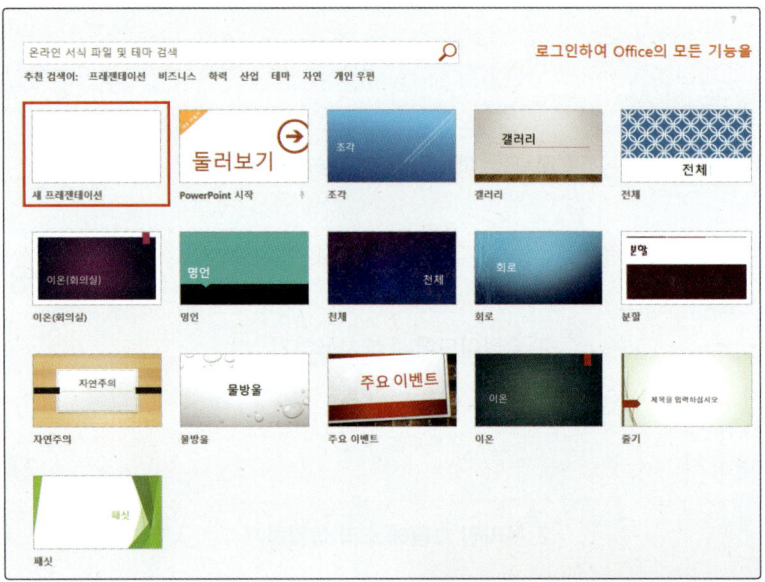

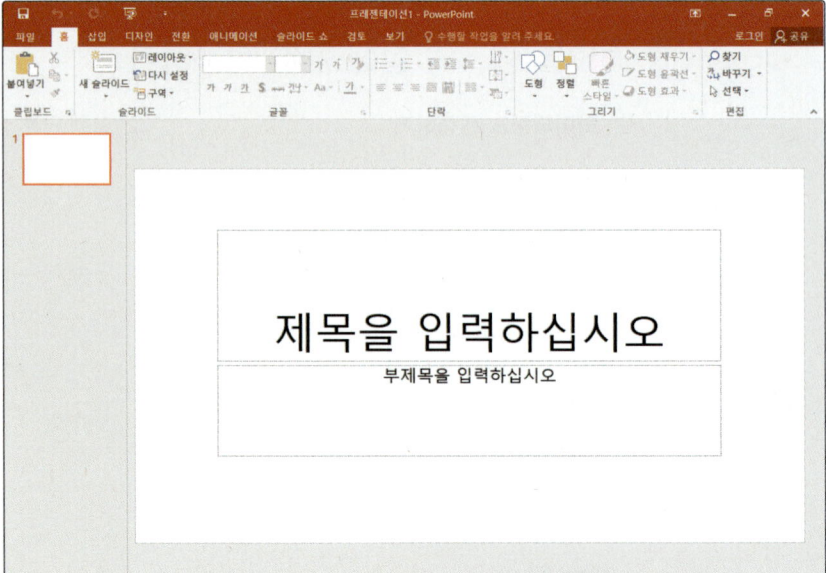

2. 제목 상자와 부제목 상자를 각각 클릭하여 주어진 내용을 입력하고 임의의 슬라이드 창이나 바깥쪽을 클릭합니다.

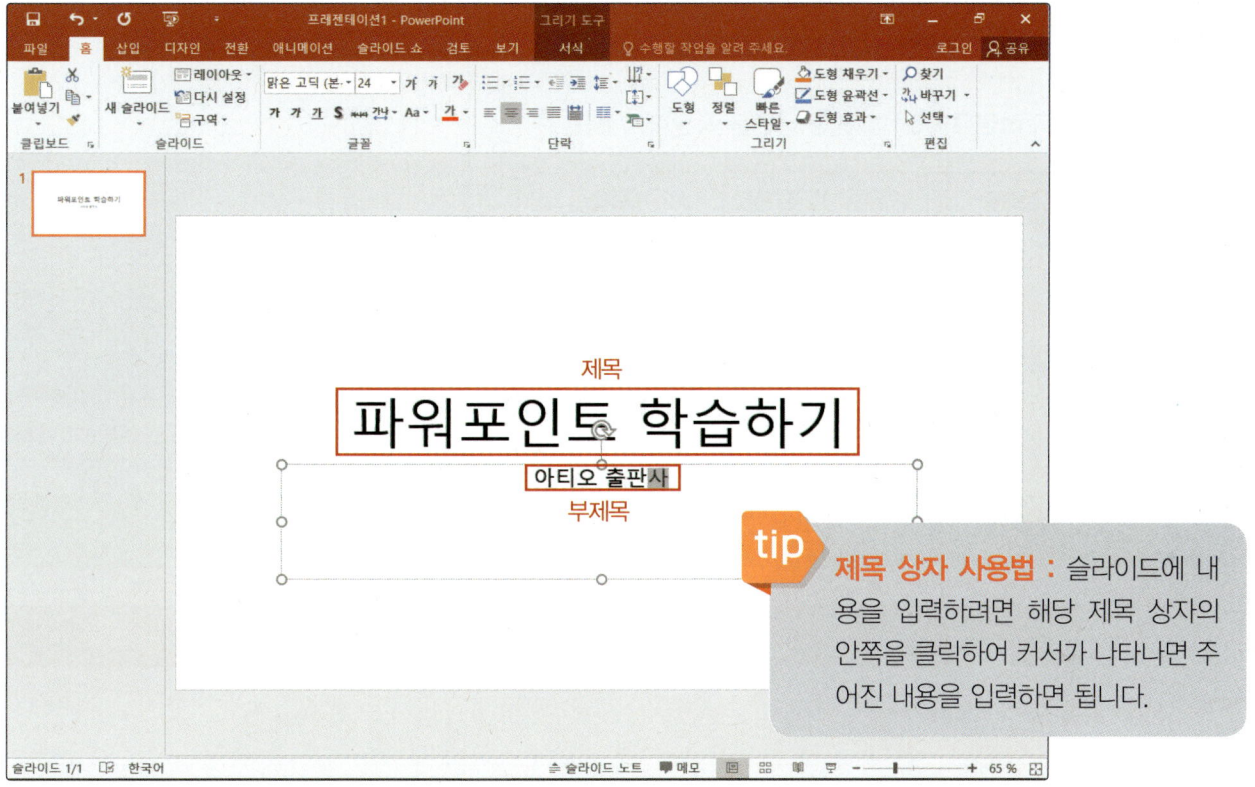

tip **제목 상자 사용법 :** 슬라이드에 내용을 입력하려면 해당 제목 상자의 안쪽을 클릭하여 커서가 나타나면 주어진 내용을 입력하면 됩니다.

3. 파워포인트 2016을 종료하려면 [파일] 탭을 클릭하고 [닫기]를 선택합니다.

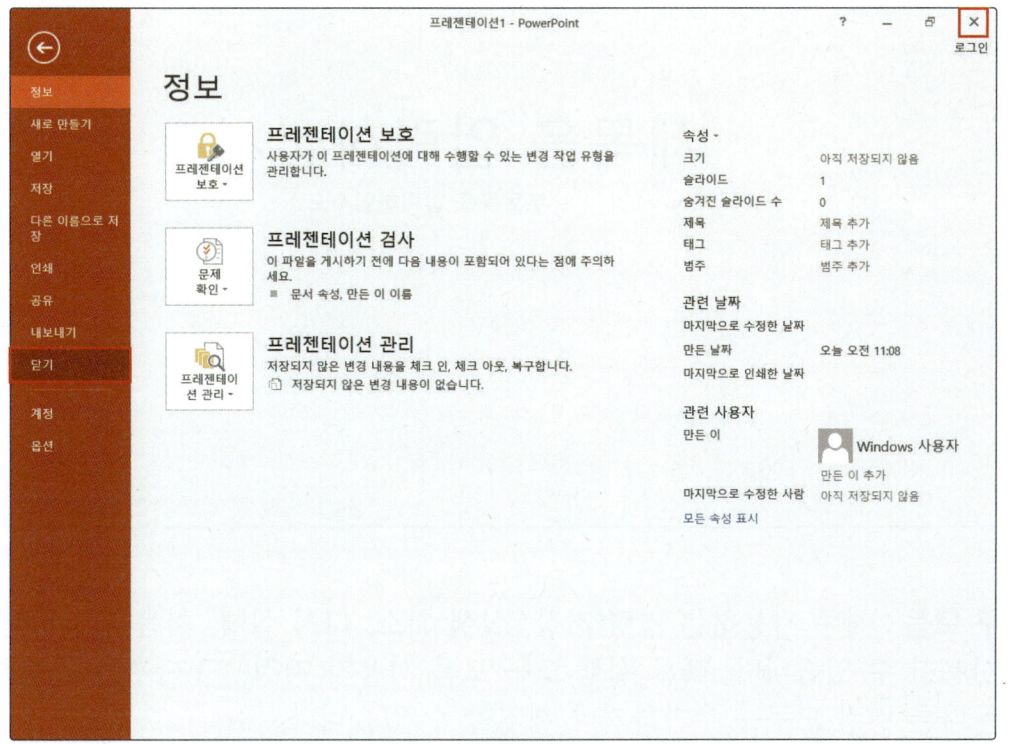

tip **파워포인트 종료**
파워포인트 2016을 완전히 종료하려면 화면 오른쪽 상단에서 닫기(×) 단추를 클릭합니다.

4. 프레젠테이션의 변경 내용에 대해 저장 유무를 묻는 대화 상자가 나타나면 지금은 종료만 할 것이므로 [저장 안 함] 단추를 클릭하여 종료시킵니다.

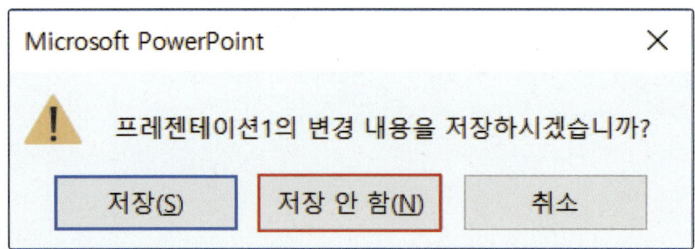

> **tip 변경 내용 저장하기** : 해당 대화 상자에서 [저장] 단추를 클릭하면 [다른 이름으로 저장] 대화 상자가 나타납니다. 여기에서 저장 위치와 파일 이름을 지정하면 작업한 내용을 저장할 수 있습니다.

2 파워포인트 2016의 화면 구성

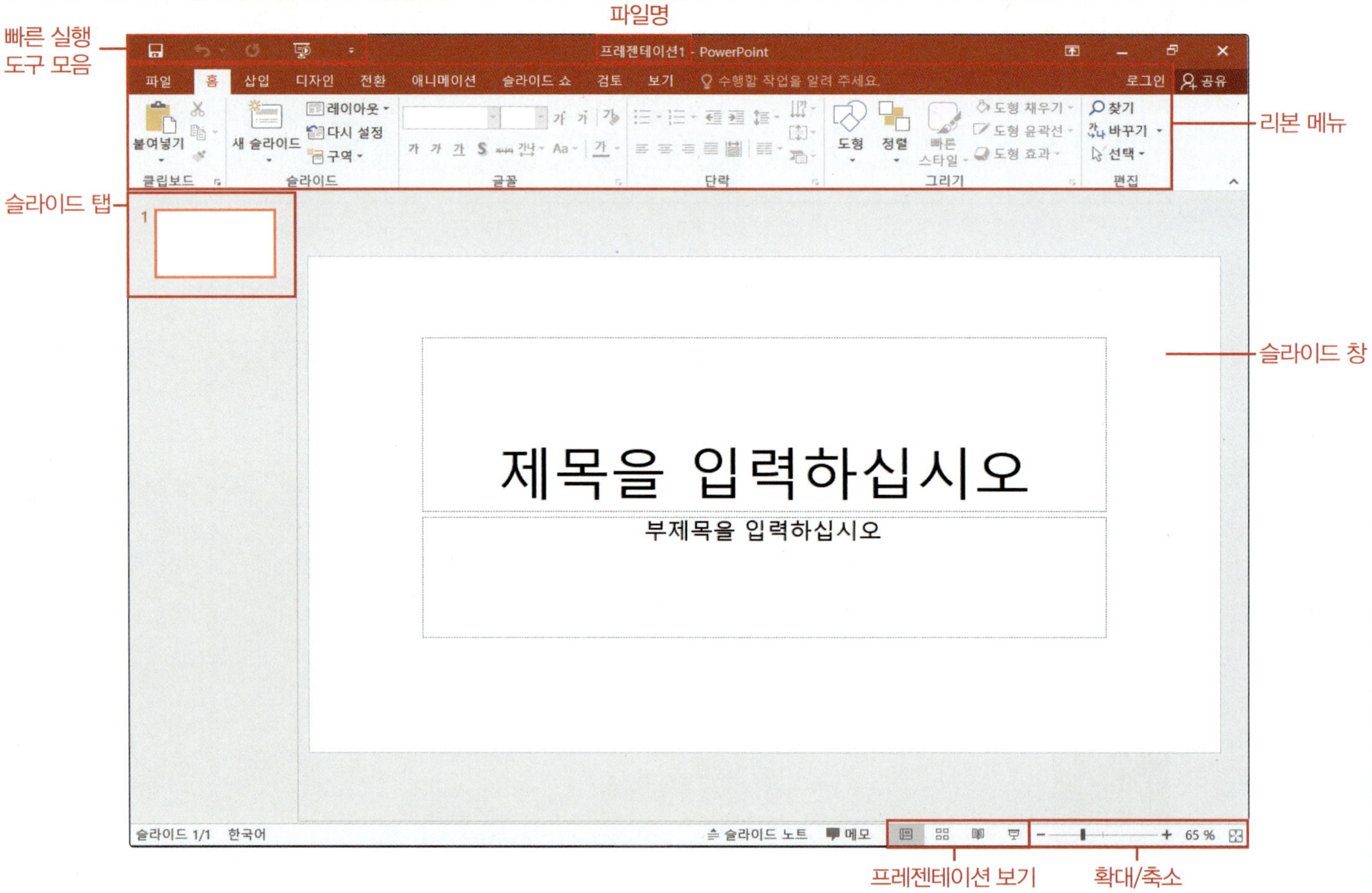

▶**빠른 실행 도구 모음** : 자주 사용하는 명령(저장, 실행 취소, 다시 실행, 처음부터 시작)을 클릭하여 바로 사용할 수 있습니다. 빠른 실행 도구 모음 사용자 지정(▾) 단추를 클릭하면 등록하기 원하는 다른 명령 도구를 추가하거나 제거할 수 있습니다.

▶**파일명** : 현재 열려 있는 프레젠테이션의 제목, 파일명 등을 표시합니다. 현재 작업중인 슬라이드를 저장하기 전에는 프레젠테이션1, 프레젠테이션2, … 등으로 나타나지만 작성한 슬라이드를 저장할 경우는 해당 파일 이름이 표시됩니다.

▶ **리본 메뉴** : 파워포인트 2016의 프로그램 메뉴와 도구 모음을 모아놓은 메뉴로 작업에 필요한 명령을 빠르게 사용할 수 있습니다. 기본 탭으로 [파일], [홈], [삽입], [디자인], [전환], [애니메이션], [슬라이드 쇼], [검토], [보기]로 구성되며 필요에 따라 [개발 도구] 탭이 추가되기도 합니다. [파일] 탭에서는 정보, 새로 만들기, 열기, 저장, 다른 이름으로 저장, 인쇄, 공유, 내보내기, 닫기, 계정, 옵션 등의 명령을 실행합니다.

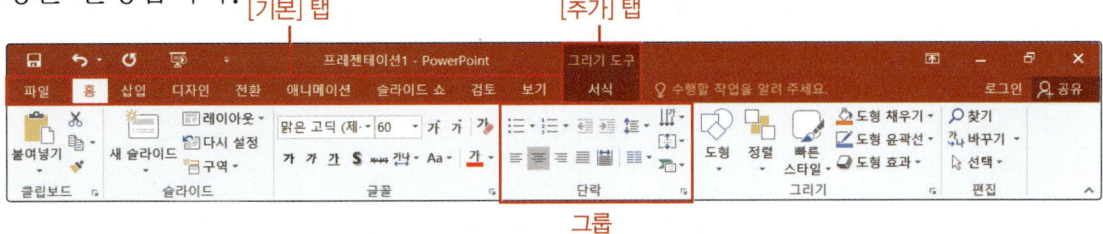

> **tip 리본 메뉴 최소화** : 리본 메뉴는 작업의 영역에 따라 최소화하여 사용할 수 있습니다. 탭의 임의의 위치에서 마우스 오른쪽 단추를 클릭한 후 [리본 메뉴 축소]를 선택하면 리본 메뉴가 최소화(축소) 됩니다.

▶ **슬라이드 탭** : 슬라이드를 축소판 형식으로 볼 수 있으며, 여러 슬라이드를 바로 탐색(이동)하거나 디자인 변경 결과를 확인할 수 있습니다.

▶ **슬라이드 창** : 현재 슬라이드 작업이 표시되는 영역으로 텍스트, 워드 아트, 클립 아트, 그림, 표, SmartArt 그래픽, 차트, 동영상, 소리, 하이퍼링크, 애니메이션 등을 삽입할 수 있습니다.

▶ **프레젠테이션 보기** : 현재 슬라이드 화면을 기본, 여러 슬라이드, 읽기용 보기, 슬라이드 쇼 형태로 보여줍니다.

기본( )	가장 많이 사용하는 보기 방식으로 슬라이드를 하나씩 보여줍니다.
여러 슬라이드( )	프레젠테이션의 모든 슬라이드가 가로 순서의 축소판 형태로 표시됩니다.
읽기용 보기( )	프레젠테이션을 검토할 수 있도록 전체 화면으로 표시됩니다.
슬라이드 쇼( )	현재 슬라이드부터 전체 화면에 표시되어 슬라이드 쇼를 진행합니다.

▶ **확대/축소** : 슬라이드 화면 크기를 원하는 크기로 조절할 수 있습니다.

확대/축소 슬라이더	[−]를 클릭하면 10% 단위로 축소하고 [+]를 클릭하면 10% 단위로 확대합니다. 가운데 슬라이더 바를 좌우로 드래그하면 슬라이드를 자유롭게 확대/축소할 수 있습니다.
확대/축소 비율	해당 수치를 클릭하면 [확대/축소] 대화 상자가 나타나며, 여기에서 원하는 비율을 직접 지정할 수 있습니다.
창에 맞춤	슬라이드의 전체 화면을 현재 창 크기에 맞춥니다.

① 파워포인트 2016을 실행한 후 제목 슬라이드에 주어진 내용을 입력해 보세요.

문화유산 탐방

강사 : 홍 길동

② 제목 슬라이드에서 새로운 슬라이드를 추가한 후 주어진 내용을 입력해 보세요.

세계 7대 불가사의

- 이집트 기자의 쿠푸왕(王)의 피라미드
- 메소포타미아 바빌론의 공중정원
- 올림피아의 제우스상
- 에페소스의 아르테미스 신전
- 할리카르나소스의 마우솔로스 능묘
- 로도스의 콜로서스 대거상
- 알렉산드리아에 있는 파로스 등대

HINT 새로운 슬라이드를 추가하려면 [홈] 탭의 [슬라이드] 그룹에서 새 슬라이드( ) 단추를 클릭합니다.

 슬라이드를 추가한 후 주어진 내용을 입력하고 슬라이드 화면을 '80%'로 확대해 보세요.

한국의 세계 유산

- 문화유산 : 석굴암, 불국사, 종묘, 창덕궁, 수원화성, 경주역사유적지구, 고인돌 유적
- 기록유산 : 훈민정음, 조선왕조실록, 직지심체요절, 승정원일기
- 무형유산 : 종묘제례, 판소리, 강릉단오제
- 자연유산 : 한라산, 거문오름 용암동굴계, 성산일출봉

 확대/축소 슬라이더에서 [+]를 클릭하여 '80%'로 확대합니다.

 프레젠테이션 보기를 여러 슬라이드로 전환해 보세요.

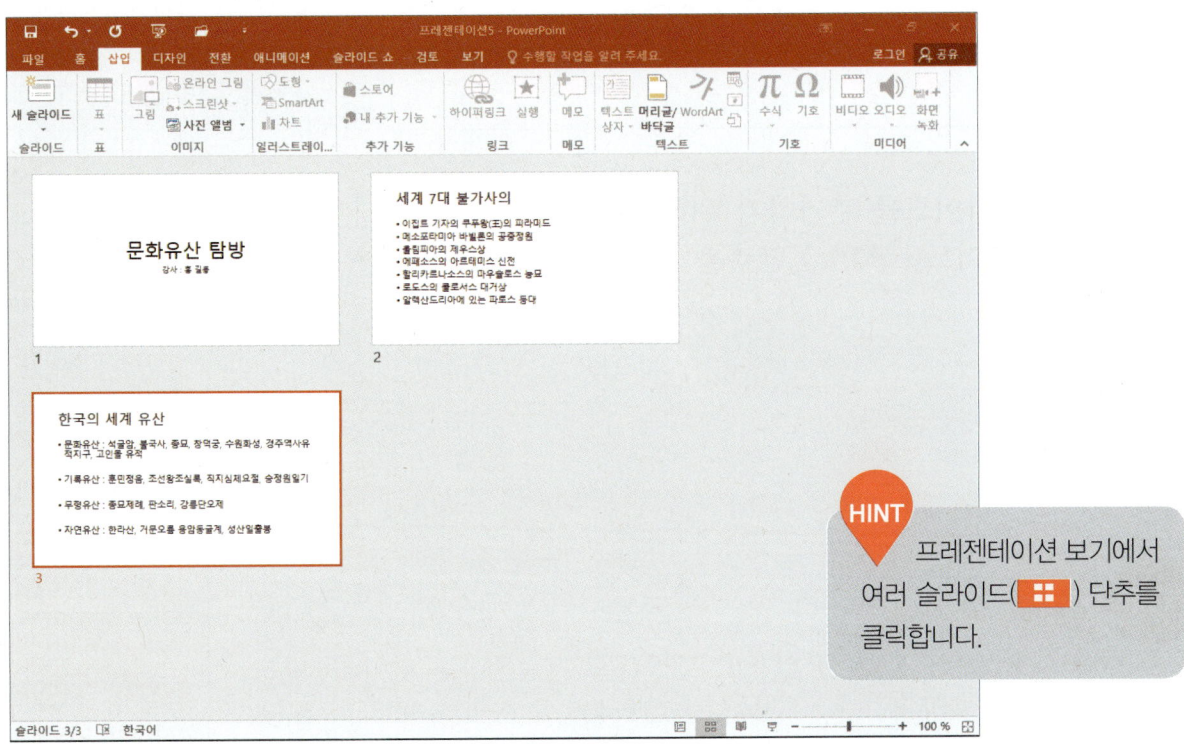

HINT 프레젠테이션 보기에서 여러 슬라이드(🔲) 단추를 클릭합니다.

SECTION 02 새 프레젠테이션 만들고 저장하기

POWERPOINT 2016

슬라이드에 내용을 입력한 후 새로운 슬라이드를 추가하여 여러 장의 프레젠테이션을 만들 수 있습니다. 여기에서는 슬라이드의 내용에 맞는 레이아웃을 설정 및 변경하여 원하는 슬라이드를 작성하고 이를 파일로 저장하는 방법에 대해 살펴봅니다.

1 새 슬라이드와 슬라이드 레이아웃

1. 슬라이드 크기를 조절하기 위해 [디자인] 탭의 [사용자 지정] 그룹에서 슬라이드 크기 () 단추를 클릭하고 [표준 (4:3)]을 선택한 후 주어진 내용을 입력합니다.

tip 슬라이드 크기
최근 출시되는 모니터가 대부분 와이드(16:9) 화면이지만 파워포인트의 슬라이드는 주로 표준(4:3) 크기에서 작업을 많이 합니다.

2. 새로운 슬라이드를 추가하기 위해 [홈] 탭의 [슬라이드] 그룹에서 새 슬라이드(새 슬라이드) 단추를 클릭하고 '콘텐츠 2개'를 선택합니다.

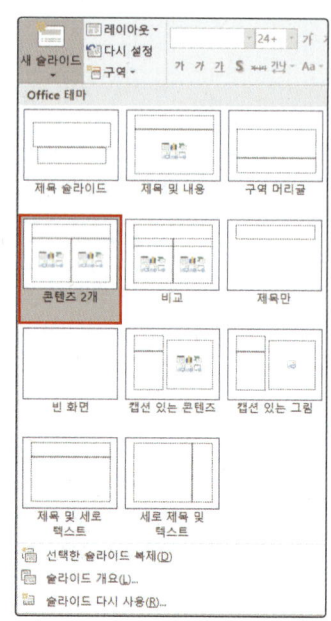

tip 슬라이드 레이아웃
새 슬라이드( ) 단추를 클릭하면 기본적으로 '제목 및 내용' 레이아웃이 적용됩니다. 이때 원하는 레이아웃으로 변경하려면 [홈] 탭의 [슬라이드] 그룹에서 레이아웃(레이아웃) 단추를 클릭해서 변경합니다.

2 슬라이드에 텍스트 입력하기

1. 슬라이드 제목을 입력한 후 왼쪽 텍스트 상자에 "활자(독립 책방)"을 입력하고 Enter 키를 누릅니다. 이때, 단락이 바뀌면서 글머리 기호가 자동으로 나타납니다.

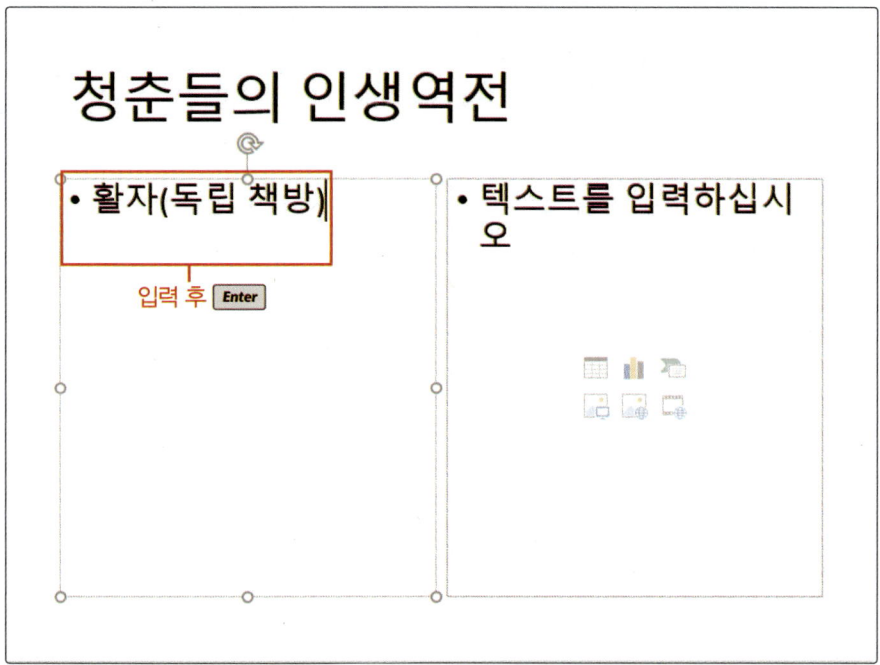

2. Tab 키를 누르면 들여쓰기 상태가 되면서 단락 수준이 한 단계 내려갑니다. 다음과 같이 세 단락의 내용을 각각 입력합니다.

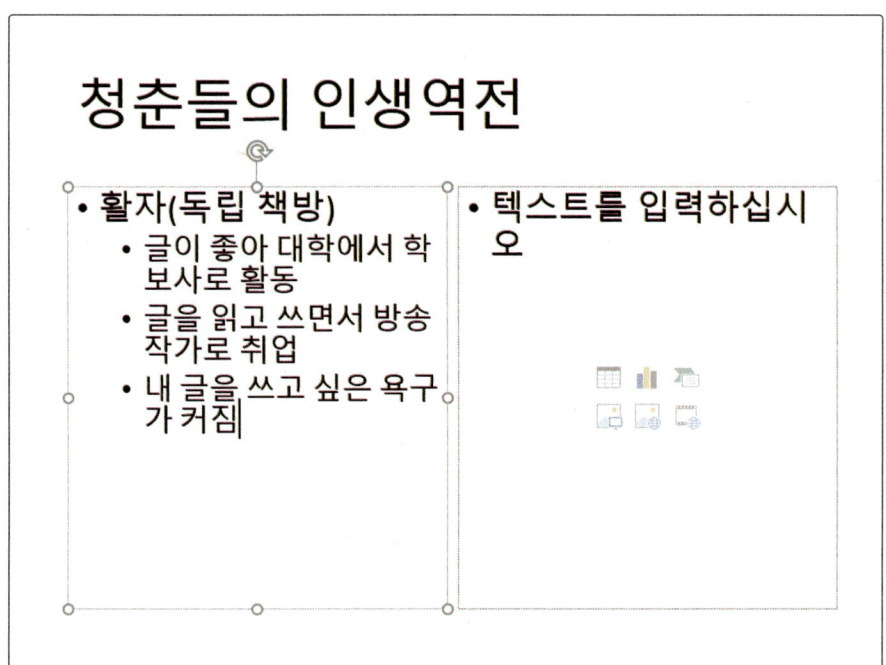

> **tip 단락 수준**
> - 단락 수준 내리기 : Tab 키를 누르면 단락 수준이 한 단계 내려갑니다.
> - 단락 수준 올리기 : Shift + Tab 키를 누르면 단락 수준이 한 단계 올라갑니다.

3. 오른쪽 텍스트 상자에도 "사진(포토그래퍼)"를 입력하고 Enter 키를 누릅니다.

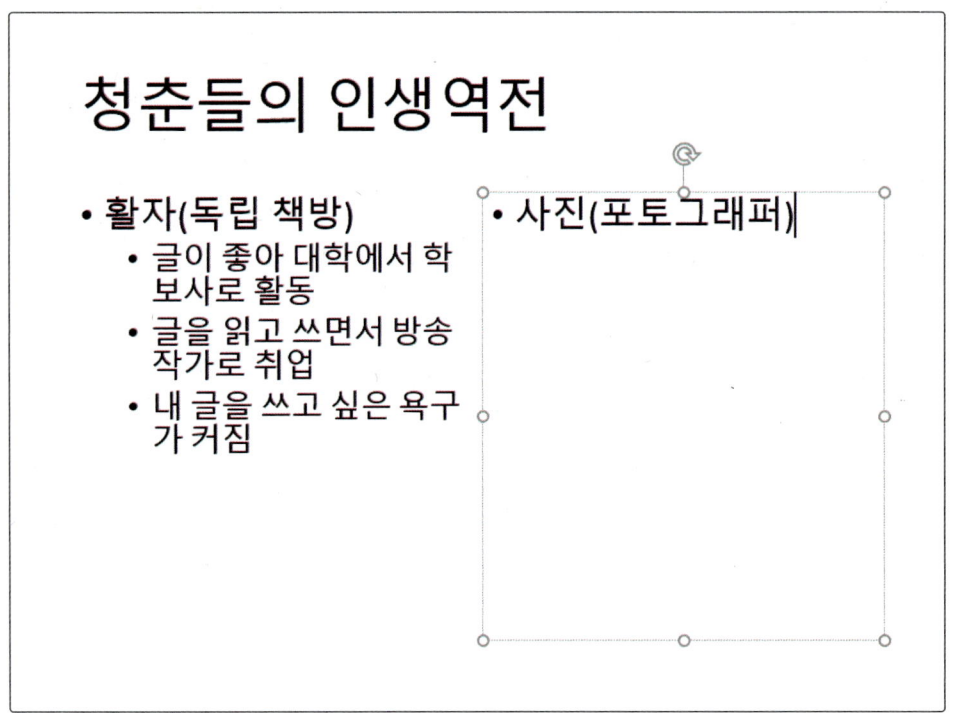

4. Tab 키를 눌러 단락 수준을 한 단계 내린 후 주어진 내용을 각각 입력합니다.

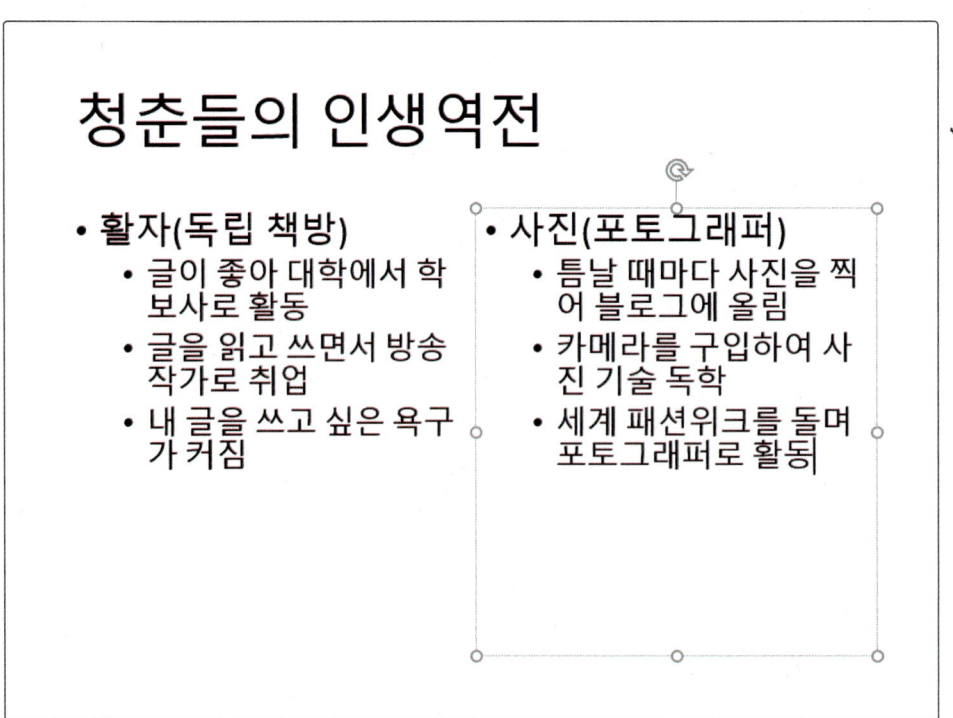

tip 입력 종료

슬라이드에 텍스트를 입력하면 텍스트 상자 부분에 테두리가 표시되는데 여기에서 모든 입력이 마무리되면 임의의 바깥쪽을 클릭하여 입력을 종료합니다.

3 프레젠테이션 저장하기

1. 슬라이드 내용을 저장하기 위해 [파일] 탭에서 [저장]을 선택하거나 빠른 실행 도구 모음에서 저장(🖫) 단추를 클릭합니다.

2. [찾아보기]를 선택한 후 [다른 이름으로 저장] 대화 상자가 나타나면 저장 위치와 파일 이름을 지정하고 [저장] 단추를 클릭합니다.

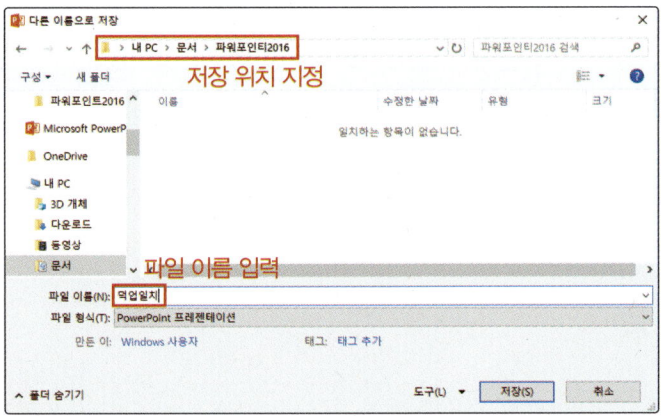

> **tip 파워포인트 2016 파일 형식** : 파워포인트 2016의 파일 확장자(형식)는 '.pptx'로 설정됩니다.

3. 프레젠테이션을 저장하면 제목 표시줄에 파일 이름이 표시됩니다.

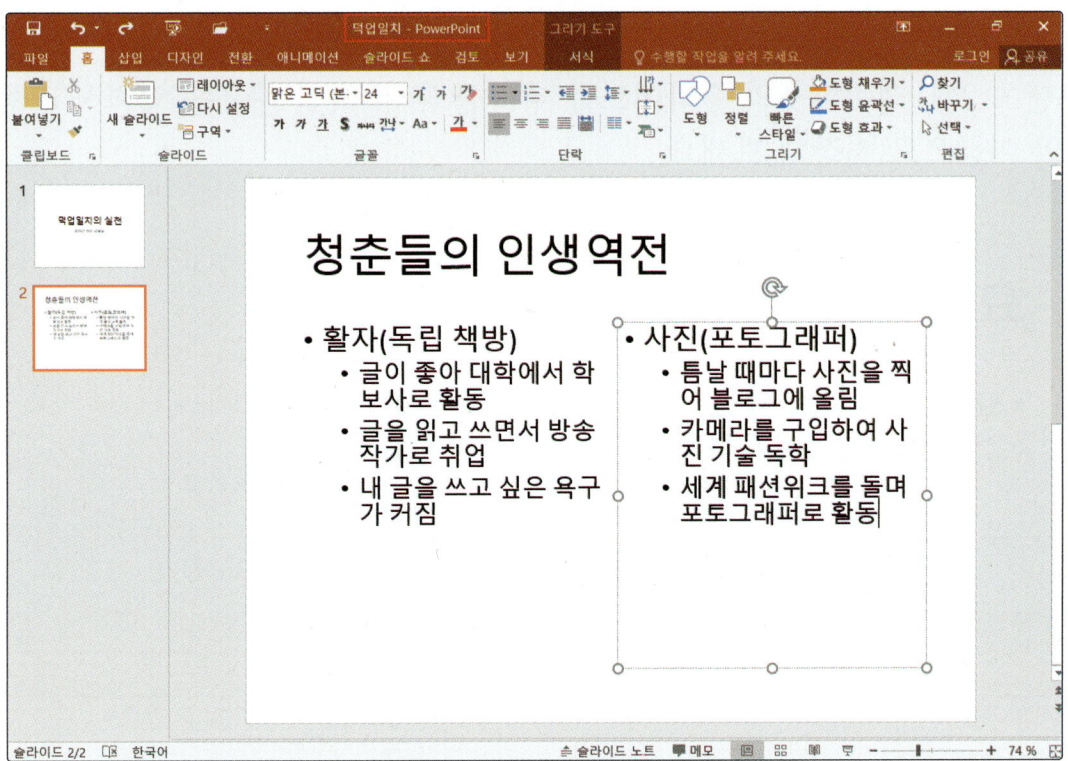

> **tip 저장** : 이전에 저장한 파일을 다시 저장하면 동일한 이름으로 저장되므로 [다른 이름으로 저장] 대화 상자는 나타나지 않습니다.

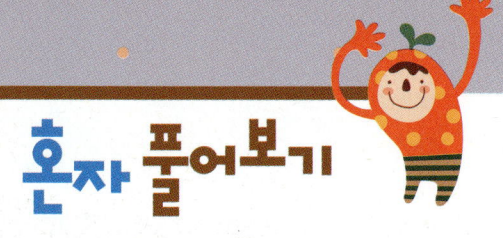

① 제목 슬라이드에 주어진 내용을 입력하고 '덕후스토리.pptx' 파일로 저장해 보세요.

성공한 덕후 스토리
요리와 커피

 슬라이드 크기를 '표준 (4:3)'으로 변경한 후 주어진 내용을 입력합니다.

② '콘텐츠 2개' 레이아웃의 슬라이드를 추가한 후 주어진 내용을 입력하고 동일한 파일 이름으로 저장해 보세요.

요리 덕후와 커피 덕후

- 요리(프렌치펍 셰프)
  - 단독 주방에서 자취 요리 입문
  - 요리 학원 '파리스' 서울 캠퍼스 입학
  - 프렌치펍 '코리안 푸드' 오픈
- 커피(바리스타 교수)
  - 카페에서 아르바이트 시작
  - 전공에서 커피 바리스타학과로 편입
  - 한국호텔직업학교에서 외래 교수 임명

 Tab 키를 눌러 단락 수준을 한 단계씩 내립니다.

 제목 슬라이드에 주어진 내용을 입력하고 '매듭풀기.pptx' 파일로 저장해 보세요.

> # 삶의 매듭풀기
> 한국대학교 이냐시오 강당

 '제목 및 내용' 레이아웃의 슬라이드를 추가한 후 주어진 내용을 입력하고 동일한 파일 이름으로 저장해 보세요.

> # 상반기 강의 내용
> - 김휘중 총장
>   - 타인에게 마음을 열자
>   - 조용히 전진하자
>   - 삶에 여유를 찾자
> - 한송희 대표
>   - 부정적인 태도를 버리자
>   - 자연을 존중하고 돌보자
>   - 평화를 위해 행동하자

 `Shift` + `Tab` 키를 눌러 단락 수준을 한 단계 올릴 수 있습니다.

SECTION 03 테마와 배경 스타일 지정하기

POWERPOINT 2016

테마는 프레젠테이션의 전체 디자인을 지정하는 것으로 색, 글꼴, 효과, 스타일 등을 포함합니다. 또한, 배경 스타일은 슬라이드의 배경색을 여러 가지 서식으로 채우거나 투명도를 조절할 수 있습니다. 여기에서는 슬라이드의 테마와 배경 스타일을 적용하는 방법에 대해 알아봅니다.

1 슬라이드 테마 변경하기

1. '스마트팜.pptx' 파일을 열기한 후 [디자인] 탭의 [테마] 그룹에서 자세히() 단추를 클릭하고 원하는 테마를 선택합니다.

> **tip 파일 열기 방법**
> [파일] 탭에서 [열기]를 선택한 후 [찾아보기]를 클릭해서 [열기] 대화 상자가 나타나면 열기할 파일이 저장된 위치를 지정하고 해당 파일을 열기합니다.

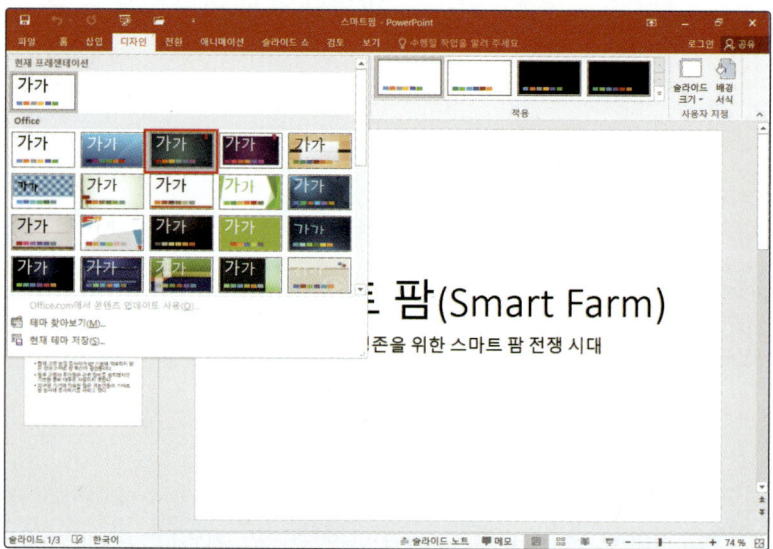

2. 지정한 테마로 슬라이드 배경이 변환됩니다. 1번 슬라이드를 선택한 후 [테마] 그룹에서 원하는 테마를 마우스 오른쪽 버튼으로 클릭하고 [선택한 슬라이드에 적용]을 선택합니다. 그러면 1번 슬라이드만 지정한 테마로 변경됩니다.

> **tip 테마 적용할 때 유의사항 :** 테마를 선택하면 프레젠테이션의 모든 슬라이드에 적용이 됩니다. 따라서 특정 슬라이드에만 원하는 테마를 적용하려면 해당 슬라이드에서 마우스 오른쪽 버튼을 눌러 나타난 단축 메뉴에서 [선택한 슬라이드에 적용]을 선택합니다.

2 배경 스타일 변경하기

1. 2번 슬라이드를 선택한 후 [디자인] 탭의 [적용] 그룹에서 자세히(▼) 단추를 클릭하고 [배경 스타일]-[스타일 10]을 선택합니다.

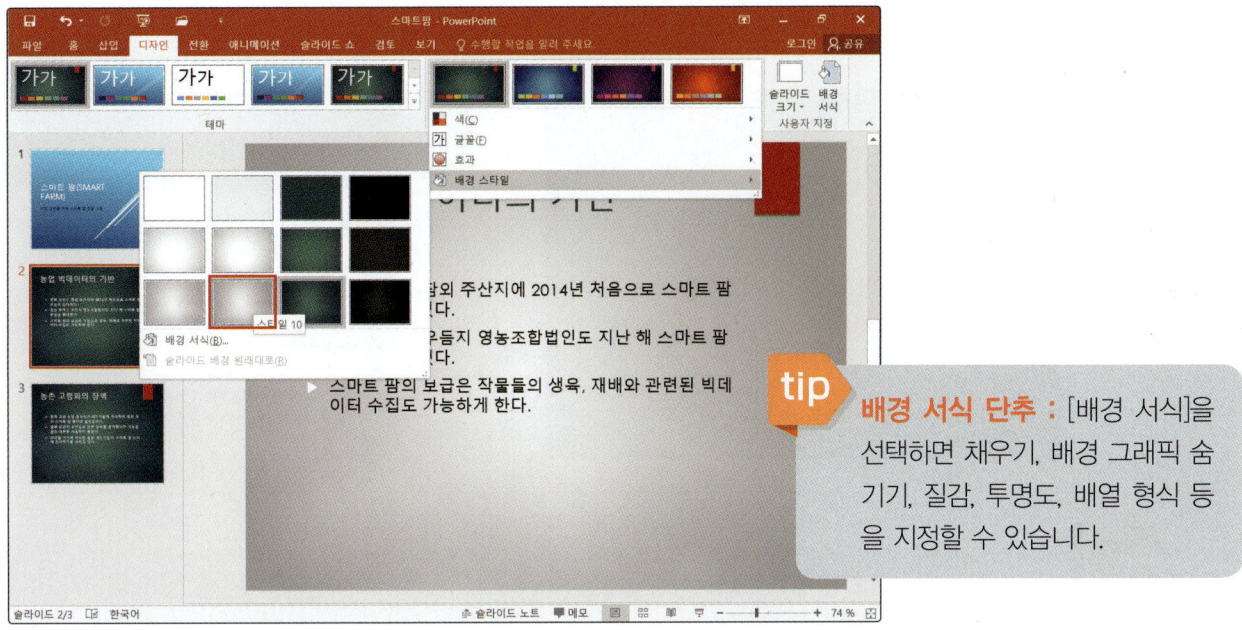

tip 배경 서식 단추 : [배경 서식]을 선택하면 채우기, 배경 그래픽 숨기기, 질감, 투명도, 배열 형식 등을 지정할 수 있습니다.

2. 그 결과 2번 슬라이드부터 선택한 배경 스타일이 적용된 것을 확인할 수 있습니다.

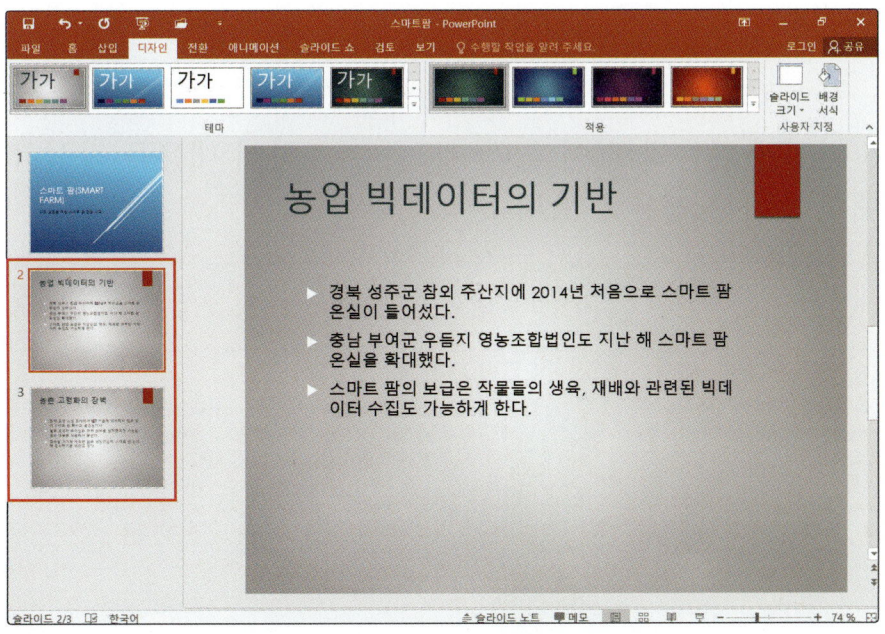

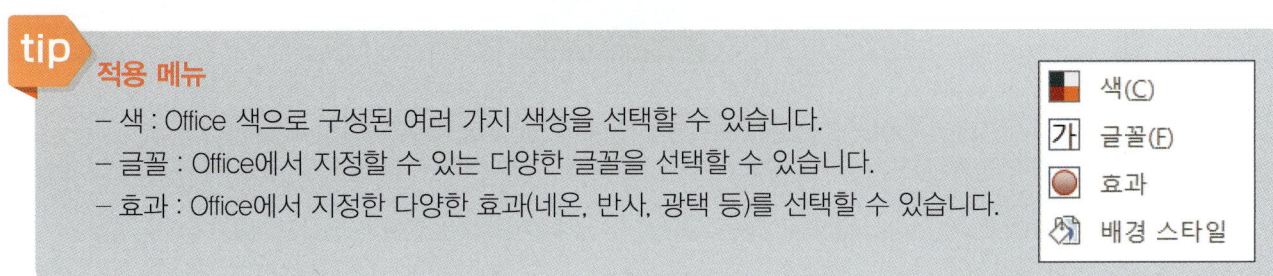

tip 적용 메뉴
- 색 : Office 색으로 구성된 여러 가지 색상을 선택할 수 있습니다.
- 글꼴 : Office에서 지정할 수 있는 다양한 글꼴을 선택할 수 있습니다.
- 효과 : Office에서 지정한 다양한 효과(네온, 반사, 광택 등)를 선택할 수 있습니다.

① 슬라이드에 주어진 내용을 각각 입력한 후 이온(회의실) 테마를 적용하고 '힐링 푸드.pptx' 파일로 저장해 보세요.

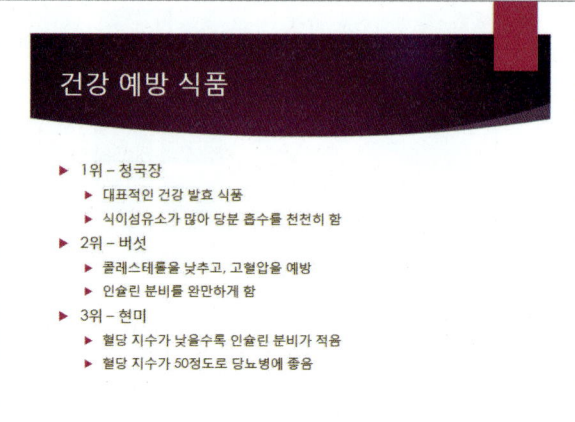

 슬라이드 크기를 '표준 (4:3)'으로 변경한 후 주어진 내용을 입력하고 테마를 변경합니다.

② '힐링푸드.pptx' 파일에 다음과 같이 슬라이드를 추가하여 내용을 작성한 후 두 슬라이드에만 패싯 테마를 적용해 보세요.

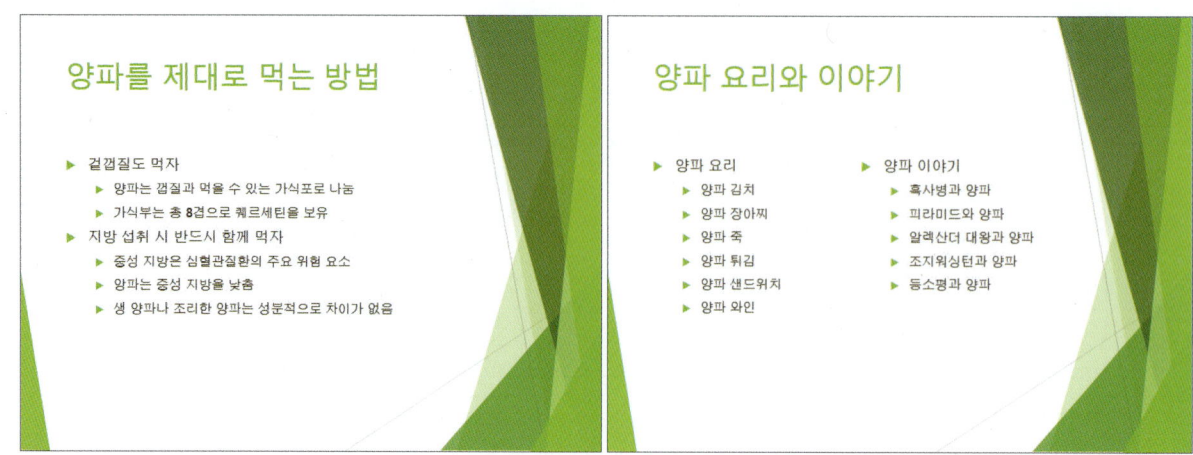

 '제목 및 내용'과 '콘텐츠 2개'의 슬라이드를 추가한 후 내용을 각각 입력하고 패싯 테마는 [선택한 슬라이드에 적용]을 선택합니다.

 슬라이드 1과 슬라이드 2에는 테마 색을 '파랑'으로 변경해 보세요.

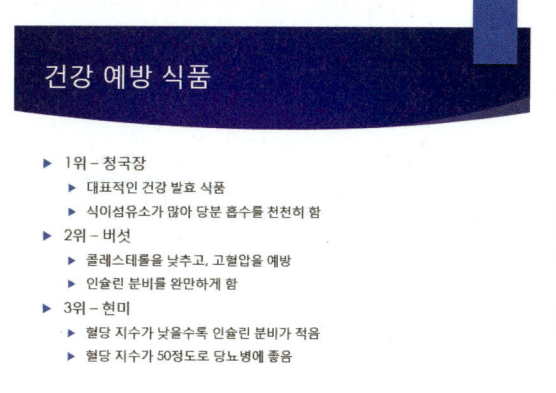

 [디자인] 탭의 [적용] 그룹에서 [자세히] 단추를 클릭하고 [색]-[파랑]을 선택합니다.

 슬라이드 3과 슬라이드 4에는 테마 배경 스타일을 '스타일 10'으로 변경하고, 모든 내용을 동일한 이름으로 저장해 보세요.

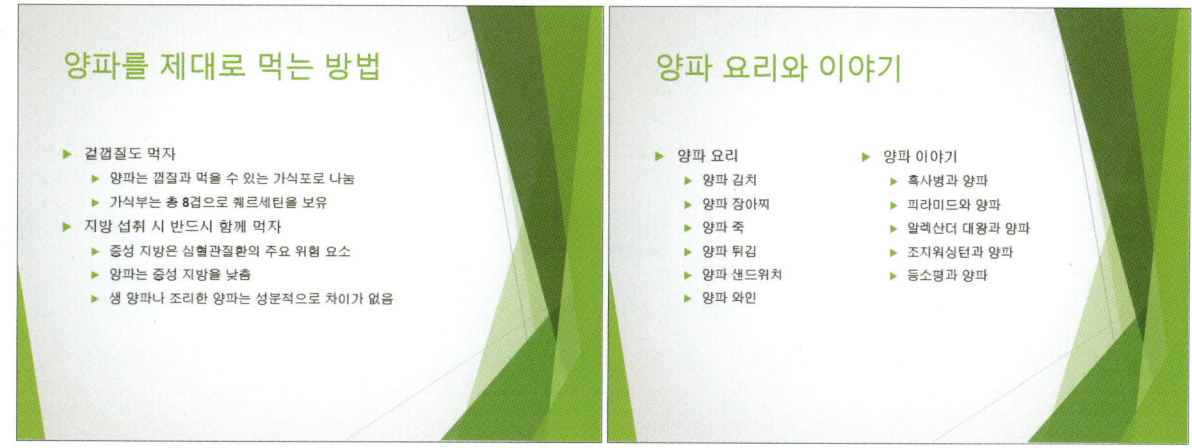

 [디자인] 탭의 [적용] 그룹에서 [자세히] 단추를 클릭하고 [배경 스타일]-[스타일 10]을 선택합니다.

SECTION 04 특수 문자와 한자 입력하기

P·O·W·E·R·P·O·I·N·T·2·0·1·6

슬라이드에 해당 개체 틀(텍스트 상자)을 클릭하면 주어진 내용을 입력할 수 있습니다. 여기에서는 슬라이드의 원하는 위치에 기호(특수 문자)를 삽입하고 내용 중에서 특정 단어를 한자로 변환하는 방법에 대해 알아봅니다.

1 기호(특수 문자) 입력하기

1. 제목 슬라이드에 '자연주의' 테마를 적용한 후 주어진 내용을 입력합니다. 기호를 삽입하기 위해 부제목 앞에 커서를 위치시킨 후 한글 자음 'ㅁ'을 입력하고 `한자` 키를 누르면 기호 목록이 나타나는데 여기에서 원하는 기호를 선택합니다.

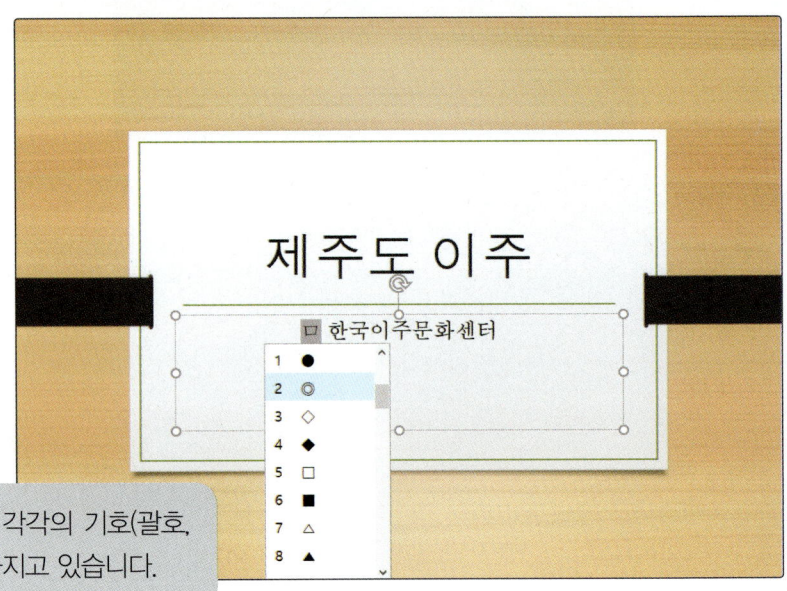

> **tip** 한글 자음 : 모든 한글 자음(ㄱ~ㅎ)은 각각의 기호(괄호, 단위, 도형, 원, 괄호, 분수, 첨자 등)를 가지고 있습니다.

2. 기호가 삽입되면 `SpaceBar` 키를 눌러 한 칸을 띄운 후 동일한 방법으로 맨 뒤에도 같은 기호를 삽입합니다.

> **tip** [기호] 대화 상자 : [삽입] 탭의 [기호] 그룹에서 기호() 단추를 클릭하면 [기호] 대화 상자가 나타나며, '하위 집합' 목록 단추를 이용하면 다양한 기호 종류를 선택할 수 있습니다.

2 한자 변환하기

1. 제목에서 한자로 변경할 '이주'를 블록 지정한 후 [검토] 탭의 [언어] 그룹에서 한글/한자 변환( ) 단추를 클릭합니다.

2. [한글/한자 변환] 대화 상자에서 해당 한자와 입력 형태를 선택하고 [변환] 단추를 클릭합니다.

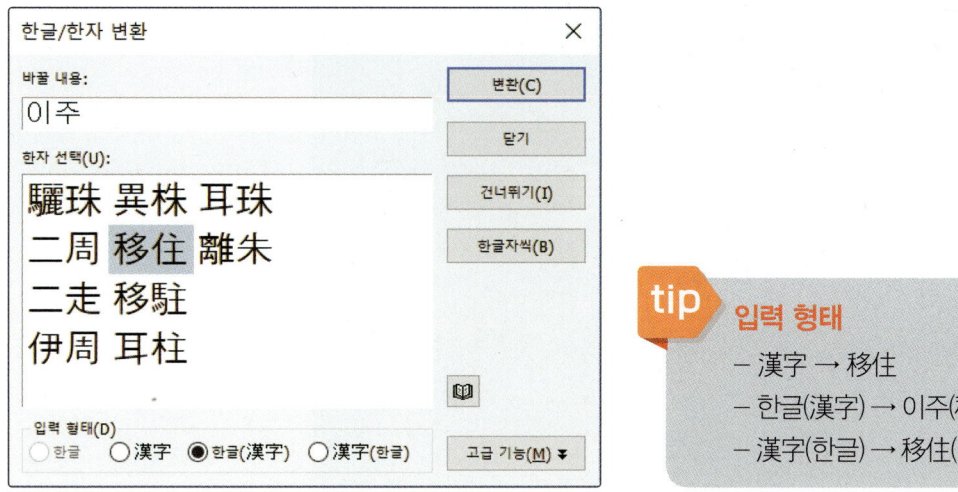

tip 입력 형태
- 漢字 → 移住
- 한글(漢字) → 이주(移住)
- 漢字(한글) → 移住(이주)

3. 그 결과 입력 형태에 맞게 해당 한자가 삽입된 것을 확인하고 '제주도.pptx' 파일로 저장합니다.

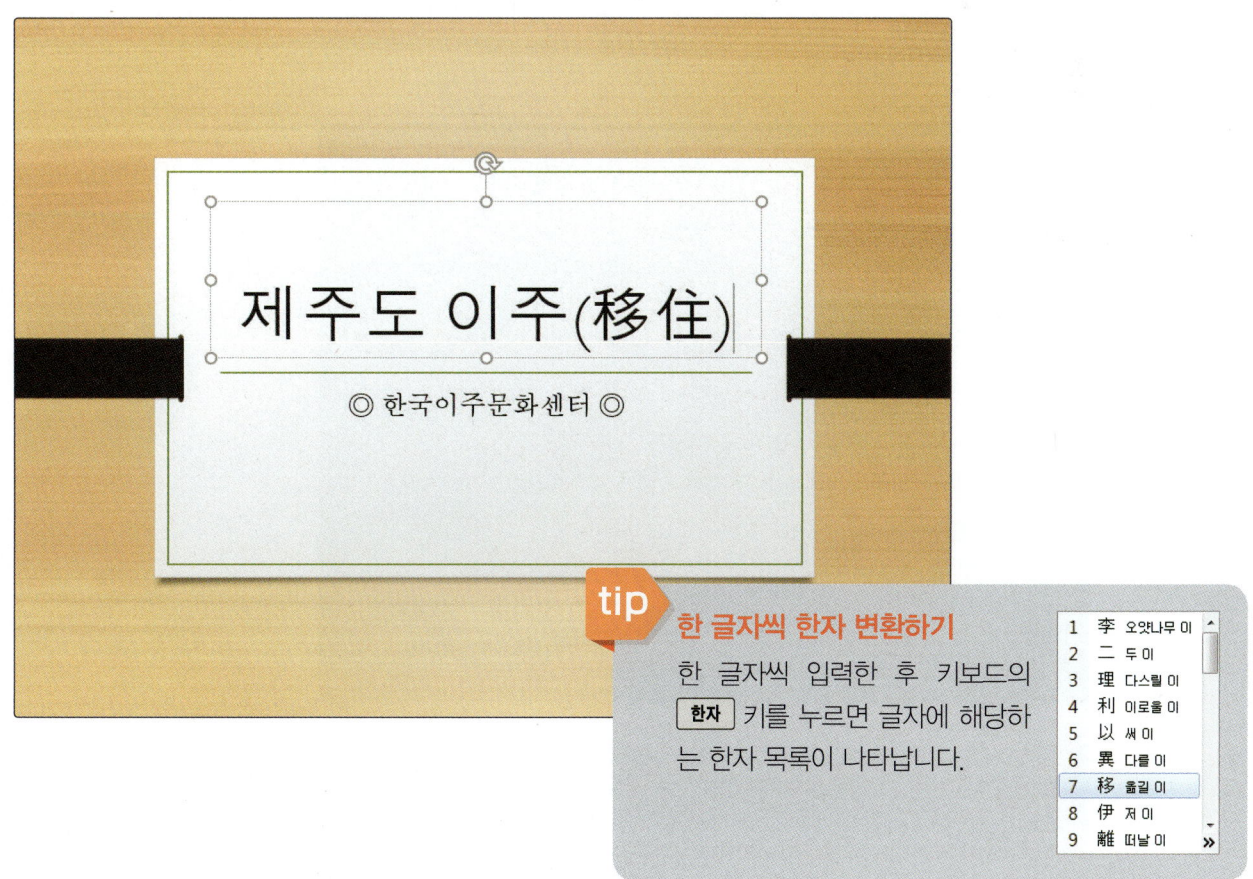

tip 한 글자씩 한자 변환하기
한 글자씩 입력한 후 키보드의 한자 키를 누르면 글자에 해당하는 한자 목록이 나타납니다.

혼자 풀어보기

1 3D 메탈 테마를 이용하여 다음과 같이 제목 슬라이드를 작성하고 'IT흐름.pptx' 파일로 저장해 보세요.

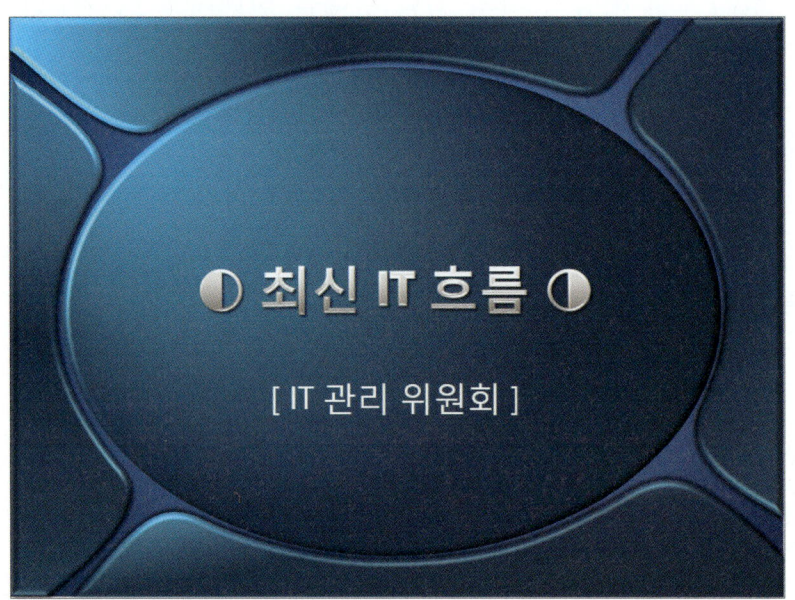

 한글 자음 'ㅁ'을 입력하고 한자 키를 누른 후 해당 목록에서 기호를 선택합니다.

2 'IT흐름.pptx' 파일에 제목 및 내용 슬라이드를 추가한 후 주어진 내용을 작성하고 저장해 보세요.

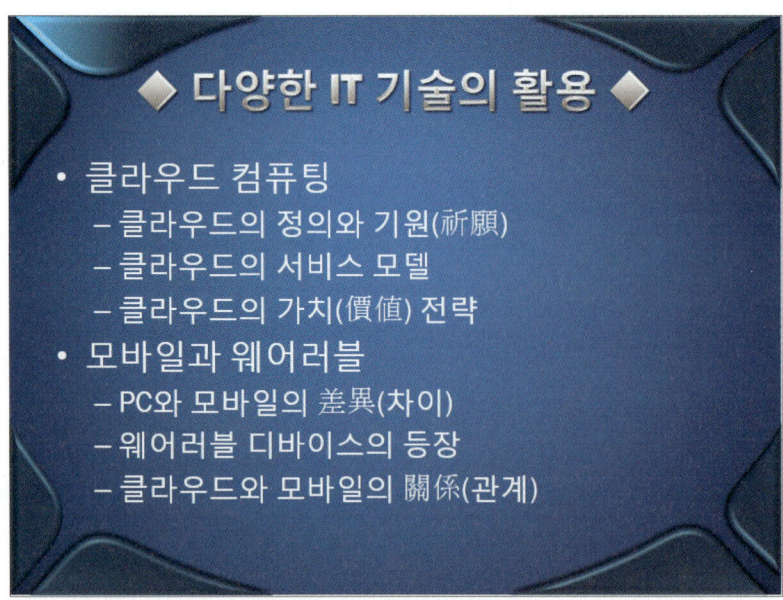

 [한글/한자 변환] 대화 상자에서 해당 한자와 입력 형태를 각각 선택합니다.

 추억 테마를 이용하여 다음과 같이 제목 슬라이드를 작성하고 '빅데이터.pptx' 파일로 저장해 보세요.

IoT와 빅데이터

▶ 현실 세계의 데이터화를 이룬다
▶ 새로운 가치를 창출한다

 '빅데이터.pptx' 파일에 콘텐츠 2개 슬라이드를 추가한 후 주어진 내용을 작성하고 저장해 보세요.

『 두 기술의 가치와 활동 』

사회 활동 및 공공 활동
- 재해 시 피난(避難) 유도
- 재해(災害) 관련 경보 및 주의
- 에너지 수급 조정
- 교통 감시 및 통제
- 범죄(犯罪) 억제 효과

일상 생활 및 인간 활동
- 생활 및 건강 改善(개선)
- 생활 환경 감시 및 제어
- 嗜好(기호)에 맞는 정보 제공
- 안전 운전 및 자동 운전
- 豫防(예방) 진단

SECTION 05 다양한 서식으로 예쁘게 치장하기

테마 기능을 이용하면 자동적으로 슬라이드 전체에 미리 정의된 디자인과 서식이 적용됩니다. 그러나 경우에 따라 임의의 서식을 지정할 필요가 있을 때도 있습니다. 여기에서는 슬라이드에 내용을 입력한 후 다양한 글꼴 서식과 단락 서식을 설정하는 방법에 대해 알아봅니다.

1 글꼴 서식 지정하기

1. 제목 슬라이드에 '베를린' 테마를 적용한 후 주어진 내용을 입력합니다. '(Fruit Juice)' 부분을 블록 지정한 후 [홈] 탭의 [글꼴] 그룹에서 글꼴, 글꼴 크기, 글꼴 스타일, 글꼴 색을 각각 지정합니다.

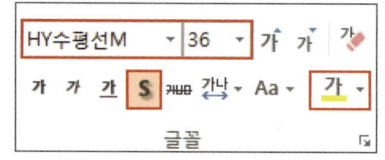

> **tip** [글꼴] 대화 상자
> [홈] 탭의 [글꼴] 그룹에서 대화 상자() 단추를 클릭한 후 나타난 [글꼴] 대화 상자의 [글꼴] 탭을 이용하면 보다 다양한 글꼴 서식을 지정할 수 있습니다.

2. 이번에는 부제목 텍스트 상자를 선택한 후 [홈] 탭의 [글꼴] 그룹에서 글꼴, 글꼴 크기, 글꼴 스타일을 각각 지정합니다.

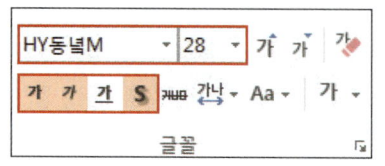

2 단락 서식 지정하기

1. 제목 및 내용 슬라이드를 추가한 후 주어진 내용을 입력합니다. 제목 텍스트 상자를 선택한 후 [홈] 탭의 [단락] 그룹에서 가운데 맞춤(≡) 단추를 클릭합니다.

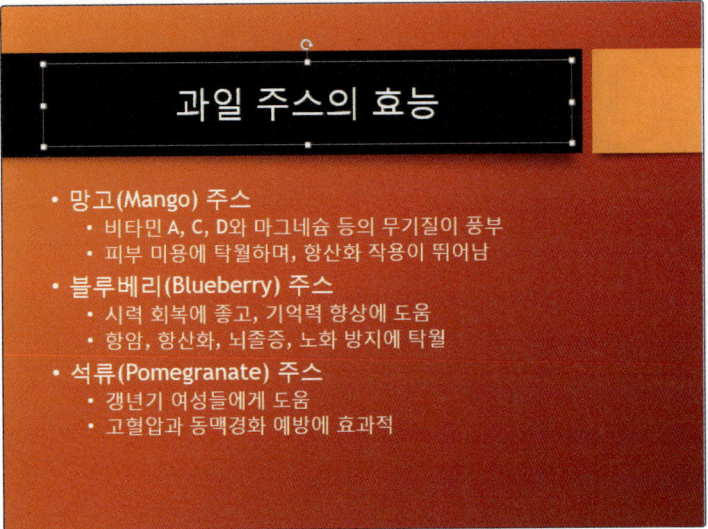

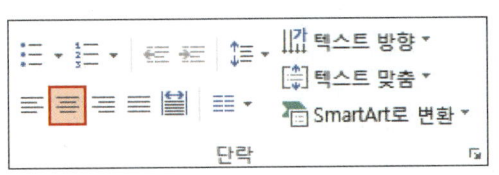

> **tip 텍스트 방향과 맞춤**
> – 텍스트 방향 : 텍스트를 세로로 쓰거나 세워 쓰는 등 원하는 방향으로 회전합니다.
> – 텍스트 맞춤 : 텍스트 상자에서 텍스트의 정렬 방법을 변경합니다.

2. 부제목 텍스트 상자를 선택한 후 [홈] 탭의 [단락] 그룹에서 줄 간격( ) 단추를 클릭하고 [1.5]를 선택하면 줄 사이의 간격이 늘어납니다. 모든 작업이 완료되면 '과일주스.pptx' 파일로 저장합니다.

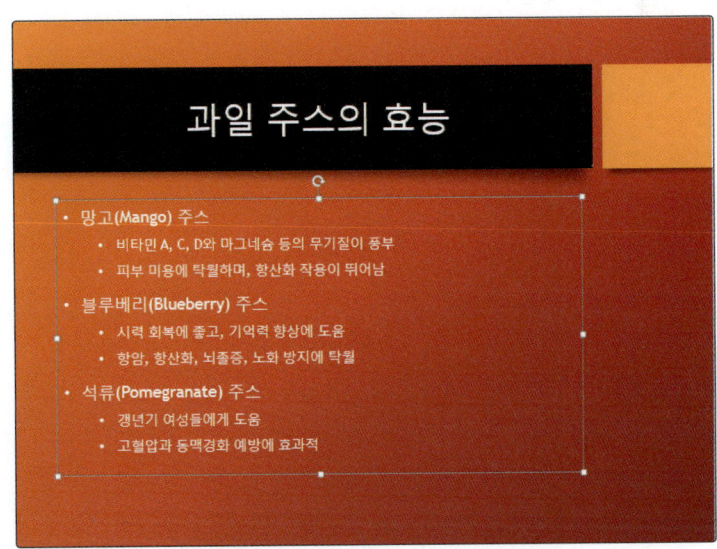

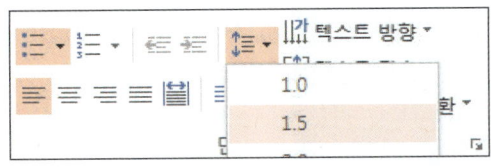

> **tip 줄 간격**
> 줄 간격을 늘렸을 때 글꼴 크기가 작아지는 것은 텍스트 상자의 크기가 제한되어 있기 때문이므로 텍스트 상자의 세로 크기를 늘리면 글꼴 크기가 다시 원위치 됩니다.

Section 05 다양한 서식으로 예쁘게 치장하기 **27**

혼자 풀어보기

1 회로 테마를 이용하여 다음과 같이 조건에 맞는 제목 슬라이드를 작성하고 '운영체제.pptx' 파일로 저장해 보세요.

| 조건 | • 제목 : HY견고딕, 48pt, 텍스트 그림자
• 부제목 : MD아트체, 28pt, 텍스트 그림자, 노랑 |

2 '운영체제.pptx' 파일에 제목 및 내용 슬라이드를 추가한 후 조건에 맞게 내용을 작성하고 저장해 보세요.

| 조건 | • 제목 : 굵게, 진한 파랑, 주황
• 부제목 : 줄 간격 – 1.5 |

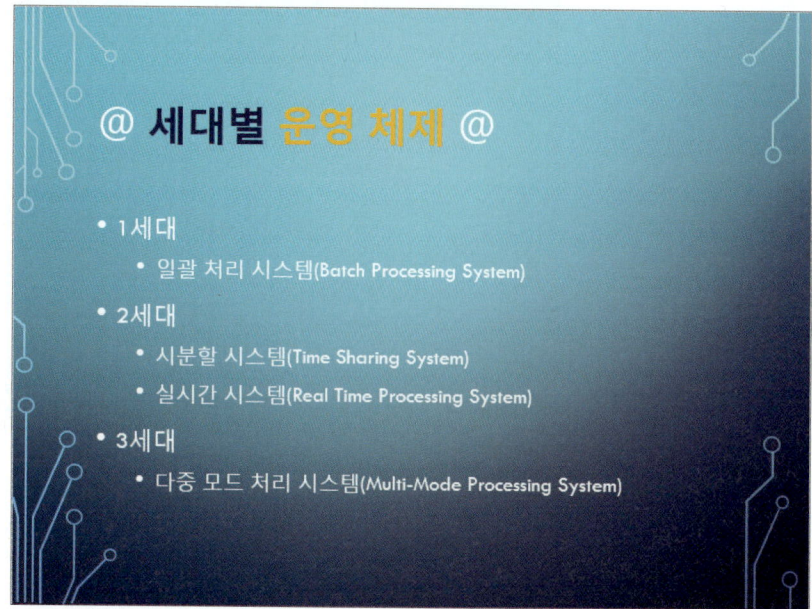

③ 비행기 구름 테마를 이용하여 다음과 같이 조건에 맞는 제목 슬라이드를 작성하고 '네트워크.pptx' 파일로 저장해 보세요.

| 조건 | • 제목 : HY울릉도M, 60pt, 노랑
• 부제목 : 맑은 고딕, 24pt, 굵게, 기울임꼴, 가운데 맞춤 |

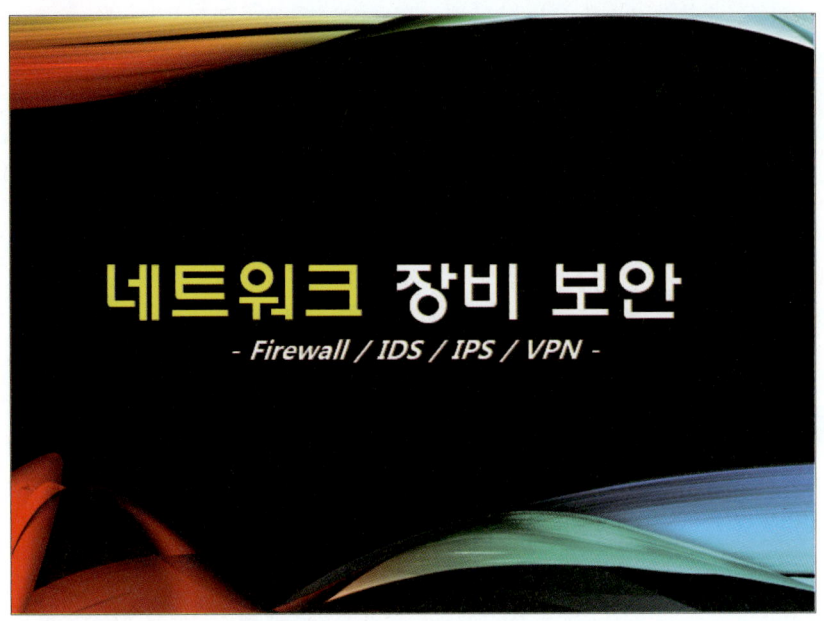

④ '네트워크.pptx' 파일에 콘텐츠 2개 슬라이드를 추가한 후 조건에 맞게 내용을 작성하고 저장해 보세요.

| 조건 | • 제목 : HY견명조, 44pt, 굵게
• 부제목 : 노랑, 주황, 줄 간격 – 2.0 |

글머리 기호와 번호 매기기

POWERPOINT 2016

글머리 기호는 문서의 항목을 보기 좋게 구분하기 위해서 삽입하는 기호이고, 번호 매기기는 문서의 항목을 순서에 맞게 나열하는 기능입니다. 여기에서는 슬라이드 내용에 글머리 기호와 번호를 삽입하여 각각의 항목을 구분하는 방법에 대해 알아봅니다.

1 글머리 기호 삽입하기

1. '관광도시.pptx' 파일을 불러오기 한 후 왼쪽 텍스트 상자에서 해당 부분을 블록 지정합니다.

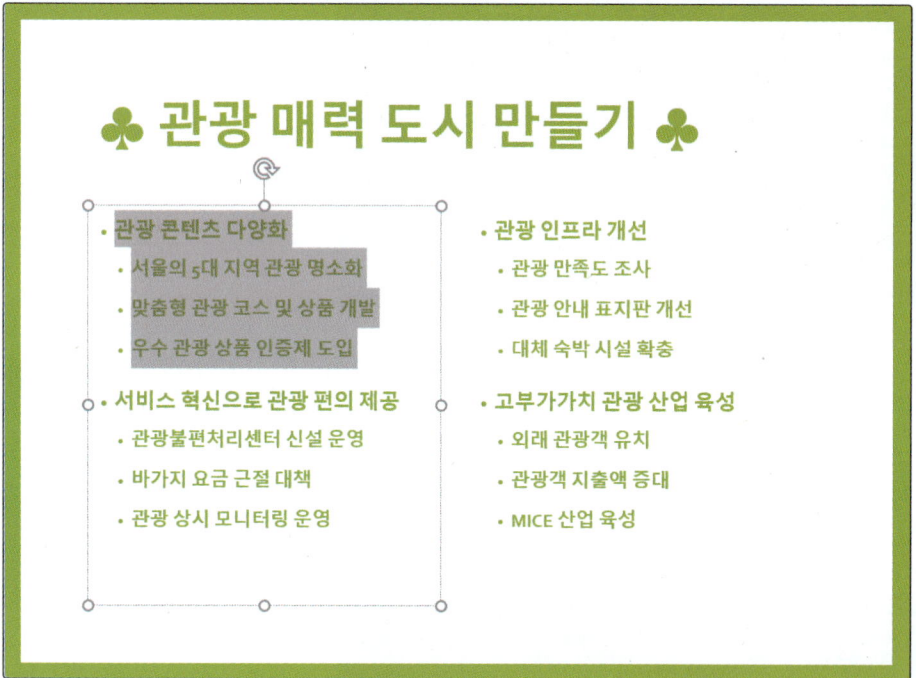

2. [홈] 탭의 [단락] 그룹에서 글머리 기호의 목록( ) 단추를 클릭하고 원하는 글머리 기호를 선택합니다.

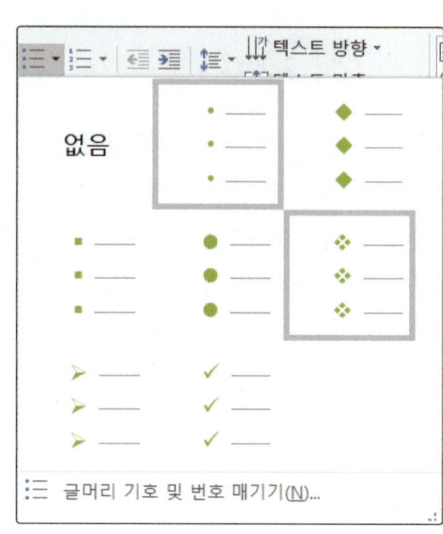

> **tip** **[글머리 기호 및 번호매기기] 메뉴**
> 선택하면 다양한 글머리 편집을 할 수 있습니다.
> – 텍스트 크기 : 텍스트의 크기에 따라 글머리 기호 크기를 조정합니다.
> – 색 : 글머리 기호의 색상을 변경할 수 있습니다.
> – 그림 : 기본적인 글머리 기호 외에 그림 모양의 글머리 기호를 표시합니다.
> – 사용자 지정 : [기호] 대화 상자에서 원하는 모양의 특수 기호를 선택하여 글머리 기호로 사용합니다.

3. 그러면 지정한 글머리로 변경됩니다.

4. 나머지 영역도 각각 원는 글머리로 변경합니다.

Section 06 글머리 기호와 번호 매기기 **31**

2 번호 매기기

1. 왼쪽 텍스트 상자에서 해당 부분을 블록 지정한 후 [홈] 탭의 [단락] 그룹에서 번호 매기기의 목록( ) 단추를 클릭하고 [글머리 기호 및 번호 매기기]를 선택합니다.

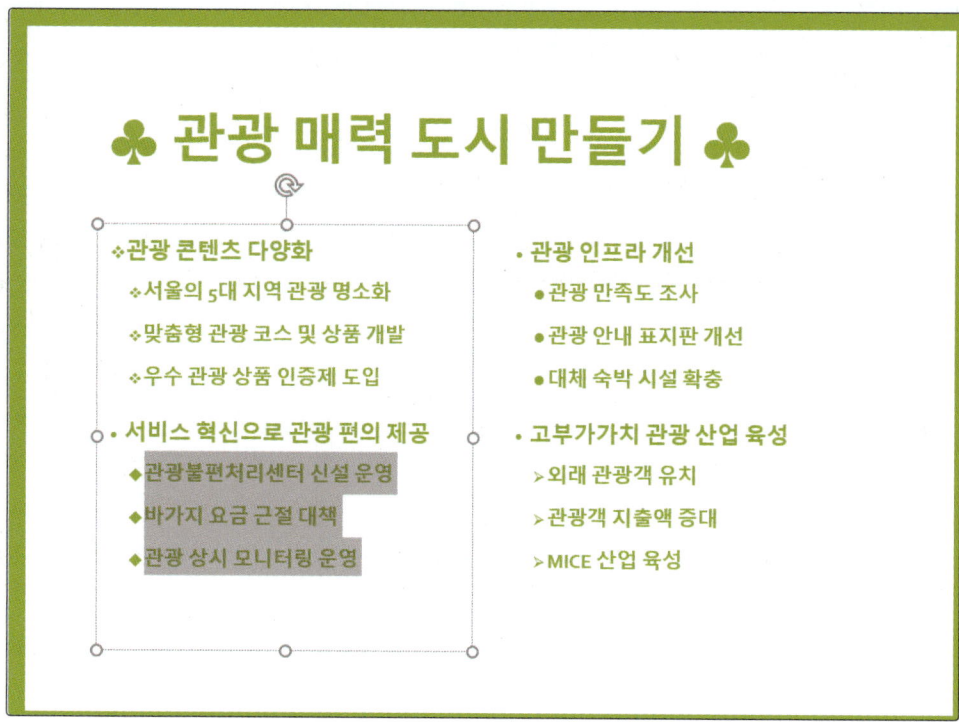

2. [글머리 기호 및 번호 매기기] 대화 상자의 [번호 매기기] 탭에서 원하는 번호 모양과 색을 지정하고 [확인] 단추를 클릭합니다.

3. 그 결과 블록 지정한 부분에는 선택한 번호가 매겨지는 것을 확인할 수 있습니다.

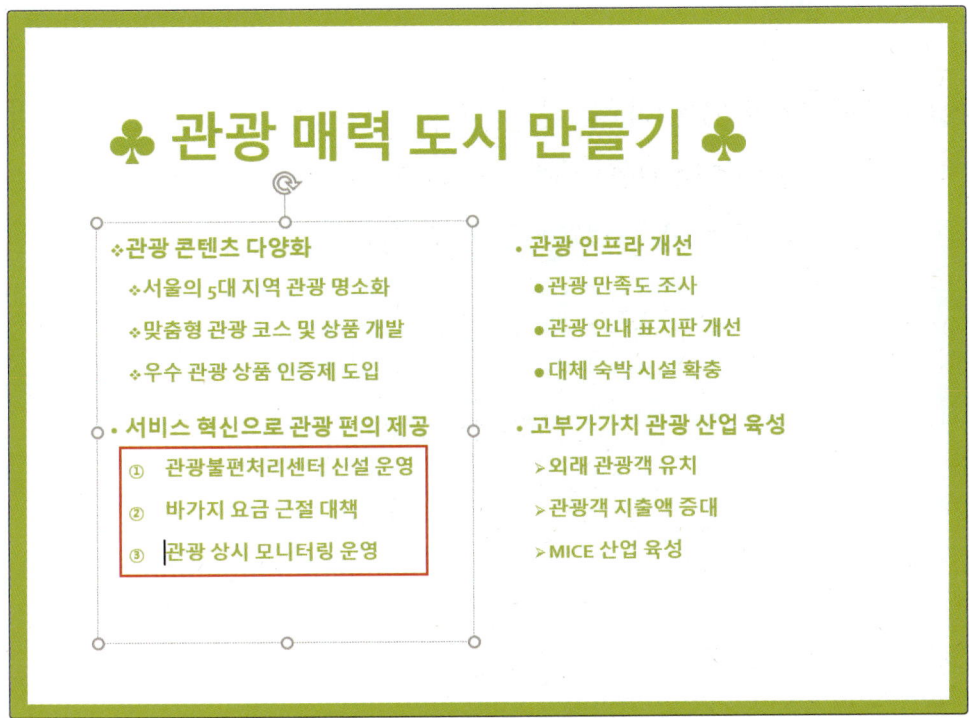

4. 동일한 방법으로 오른쪽 텍스트 상자에도 원하는 글머리 기호와 번호 모양을 각각 삽입하여 완성합니다.

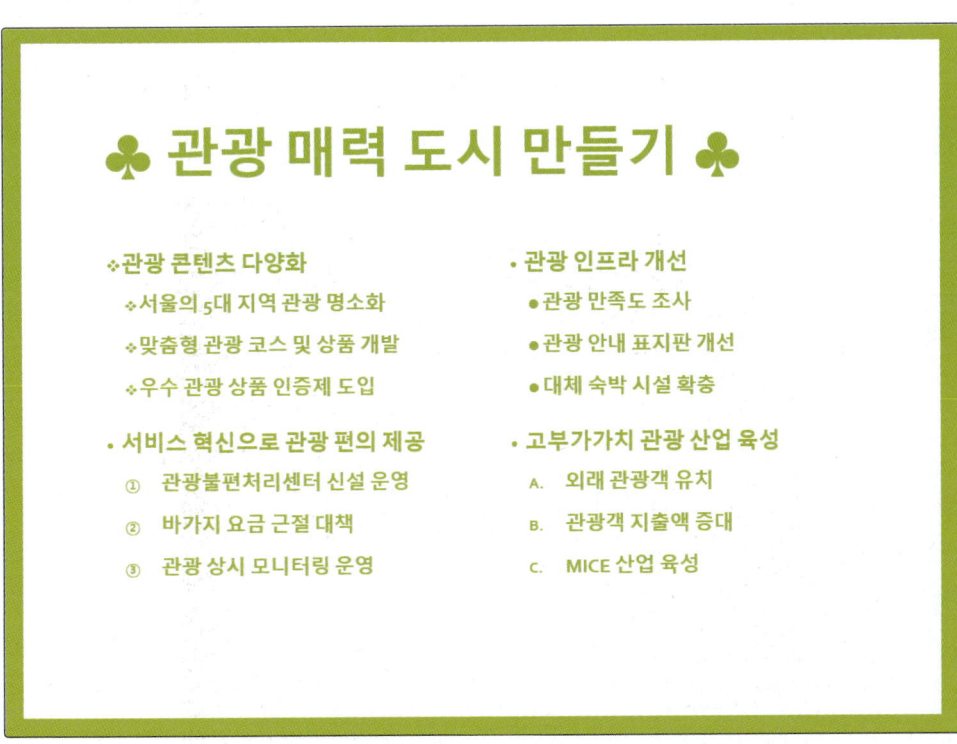

> **tip 글머리 기호 및 번호**
> 글머리 기호나 번호가 삽입된 상태에서 [Enter] 키를 누르면 자동으로 해당 글머리 기호나 번호가 삽입됩니다. 그러므로 글머리 기호나 번호를 다음 줄에 삽입하지 않으려면 [Shift] + [Enter] 키를 누릅니다.

혼자 풀어보기

1 우주 테마를 이용하여 주어진 제목 및 내용 슬라이드를 작성한 후 글머리 기호를 변경하고 '알뜰폰.pptx' 파일로 저장해 보세요.

알뜰폰 가입자 사용 유형

- 기술 방식
  - 가입자 83.1%가 3G 서비스에 가입
  - LTE는 10.9% 정도 사용
- 요금제 서비스
  - 쇼핑할수록 통신비 인하
  - 로밍을 통한 중국인 관광객 특화
  - 긴급 출동과 자녀 위치 확인 서비스
  - 후불 요금제 59.2%, 선불 가입자 40.8%

2 '알뜰폰.pptx' 파일에서 각 항목에 주어진 번호를 매기기하고 저장해 보세요.

알뜰폰 가입자 사용 유형

- 기술 방식
  ① 가입자 83.1%가 3G 서비스에 가입
  ② LTE는 10.9% 정도 사용
- 요금제 서비스
  1) 쇼핑할수록 통신비 인하
  2) 로밍을 통한 중국인 관광객 특화
  3) 긴급 출동과 자녀 위치 확인 서비스
  4) 후불 요금제 59.2%, 선불 가입자 40.8%

HINT [글머리 기호 및 번호 매기기] 대화 상자의 [번호 매기기] 탭에서 해당 번호 모양과 색을 각각 지정합니다.

③ 어린이 테마를 이용하여 주어진 콘텐츠 2개 슬라이드를 작성한 후 글머리 기호를 변경하고 '어린이.pptx' 파일로 저장해 보세요.

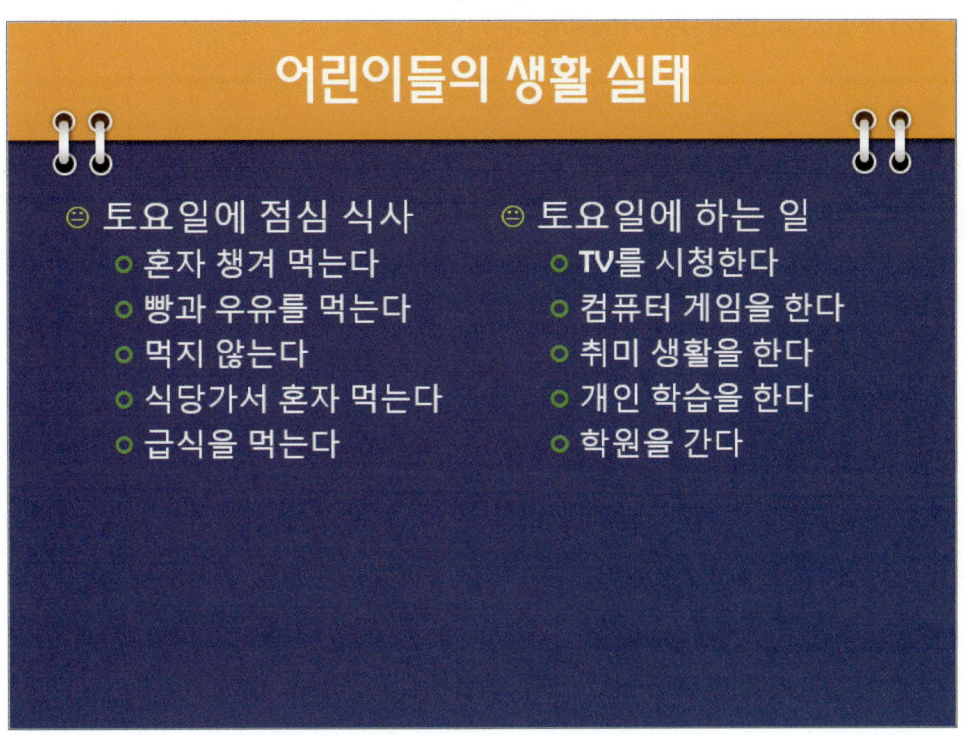

④ '어린이.pptx' 파일에서 각 항목에 주어진 번호를 매기기하고 저장해 보세요.

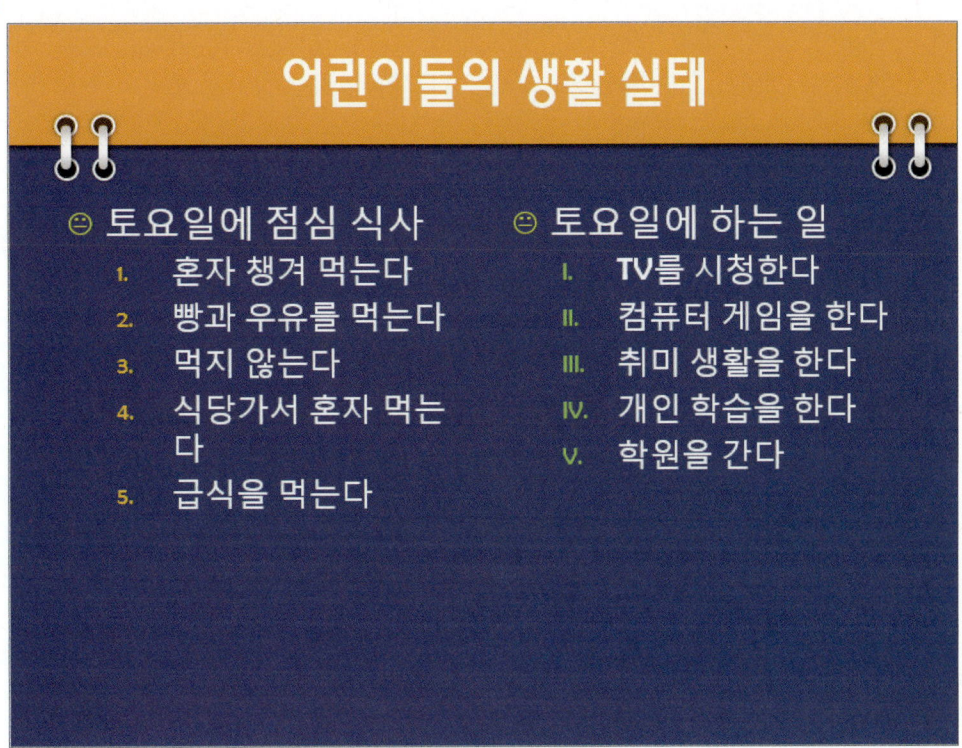

Section 06 글머리 기호와 번호 매기기

SECTION 07 도형 삽입하고 꾸미기

P·O·W·E·R·P·O·I·N·T·2·0·1·6

도형은 슬라이드 내용을 시각적으로 표현할 수 있어 청중에게 전달하고자 하는 내용을 보다 쉽게 표현할 수 있습니다. 여기에서는 다양한 도형을 삽입한 후 복사, 모양 변경, 도형 스타일, 그룹화, 크기 조절 방법 등에 대하여 알아봅니다.

1 도형 삽입과 텍스트 추가하기

1. 빈 화면 레이아웃에 '교육' 테마를 적용한 후 [삽입] 탭의 [일러스트레이션] 그룹에서 도형() 단추를 클릭하고 [사각형]-[직사각형]을 선택하여 슬라이드 왼쪽 상단에서 마우스를 드래그하여 적당한 크기로 도형을 삽입합니다.

> **tip 도형 작성 방법**
> - `Shift` + 드래그 : 정사각형/정원과 같이 가로와 세로 비율이 동일한 상태로 삽입됩니다.
> - `Ctrl` + 드래그 : 시작점의 위치가 도형의 중심점을 기준으로 상하좌우로 삽입됩니다.

2. [그리기 도구]-[서식] 탭의 [도형 스타일] 그룹에서 자세히(▼) 단추를 클릭하고 '강한 효과 – 빨강, 강조 1'을 선택한 다음 주어진 내용을 입력합니다.

> **tip 기본 도형 색**
> 슬라이드에 도형을 삽입할 경우 도형의 기본 색은 파란색 계통이지만 슬라이드에 적용된 테마에 따라 도형의 색상이 다르게 나타납니다.

3. 첫 번째 도형을 Ctrl + Shift 키를 누른 상태에서 오른쪽으로 각각 드래그하여 두 개의 직사각형을 복사하고 주어진 텍스트 내용을 각각 수정합니다.

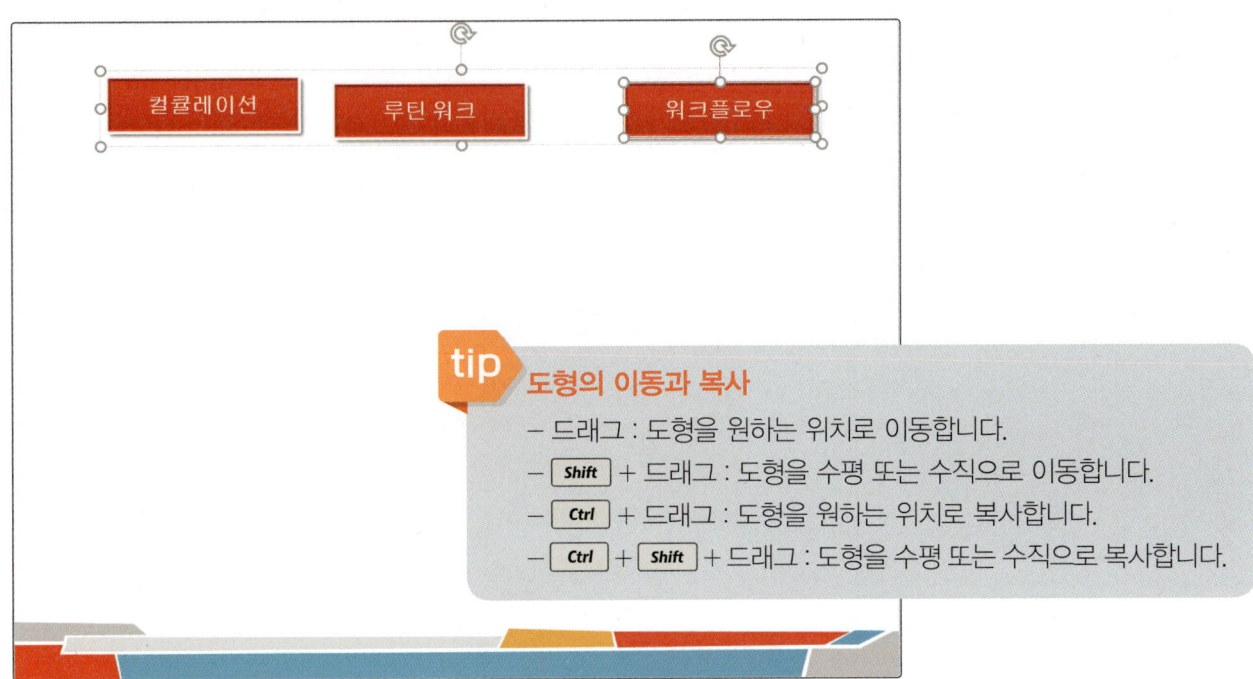

tip 도형의 이동과 복사
- 드래그 : 도형을 원하는 위치로 이동합니다.
- Shift + 드래그 : 도형을 수평 또는 수직으로 이동합니다.
- Ctrl + 드래그 : 도형을 원하는 위치로 복사합니다.
- Ctrl + Shift + 드래그 : 도형을 수평 또는 수직으로 복사합니다.

4. Ctrl 키를 누른 상태에서 세 개의 도형을 동시에 선택한 후 [그리기 도구]-[서식] 탭의 [정렬] 그룹에서 맞춤(맞춤▼) 단추를 클릭하고 [가로 간격을 동일하게]를 선택하여 보기 좋게 정렬합니다.

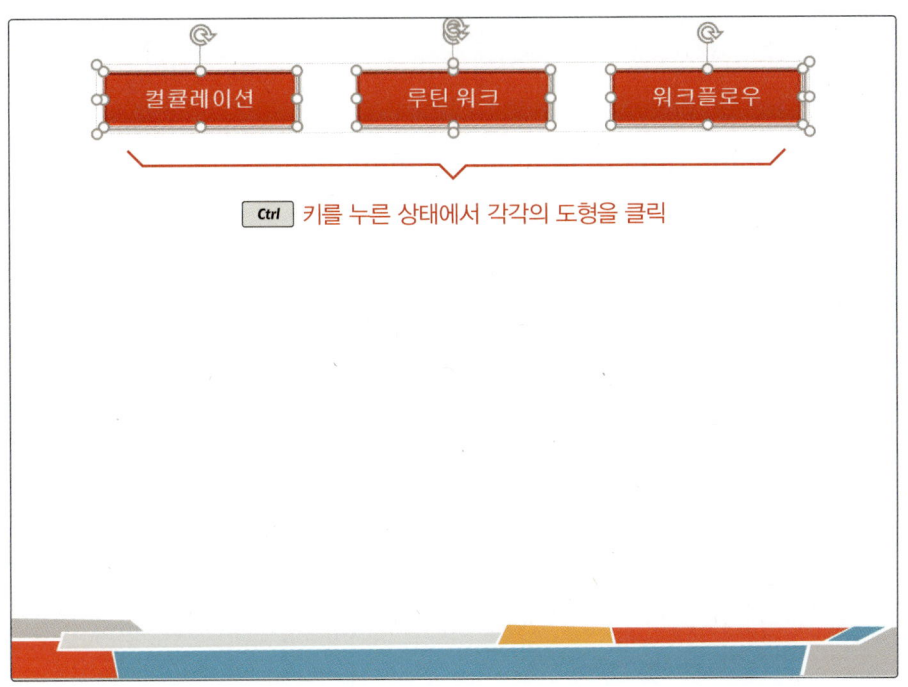

tip 도형 선택
여러 개의 도형을 동시에 선택하려면 마우스로 해당 도형이 포함되도록 드래그하여 선택하거나 Ctrl 키 또는 Shift 키를 누른 상태에서 도형을 차례대로 선택합니다.

2 도형 서식 지정하기

1. [그리기 도구]-[서식] 탭의 [도형삽입] 그룹에서 자세히(▼) 단추를 눌러 나타난 도형에서 아래쪽 화살표 설명선( )을 선택하여 적당한 크기로 삽입한 후 [정렬] 그룹에서 뒤로 보내기(뒤로 보내기 ▼) 단추를 클릭하고 [맨 뒤로 보내기]를 선택합니다. 이어서 노란색 모양 조절 핸들을 이용하여 화살표 모양을 조절합니다.

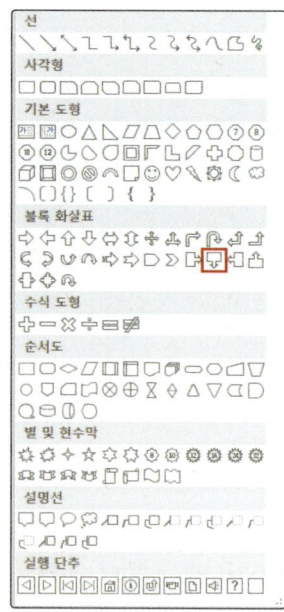 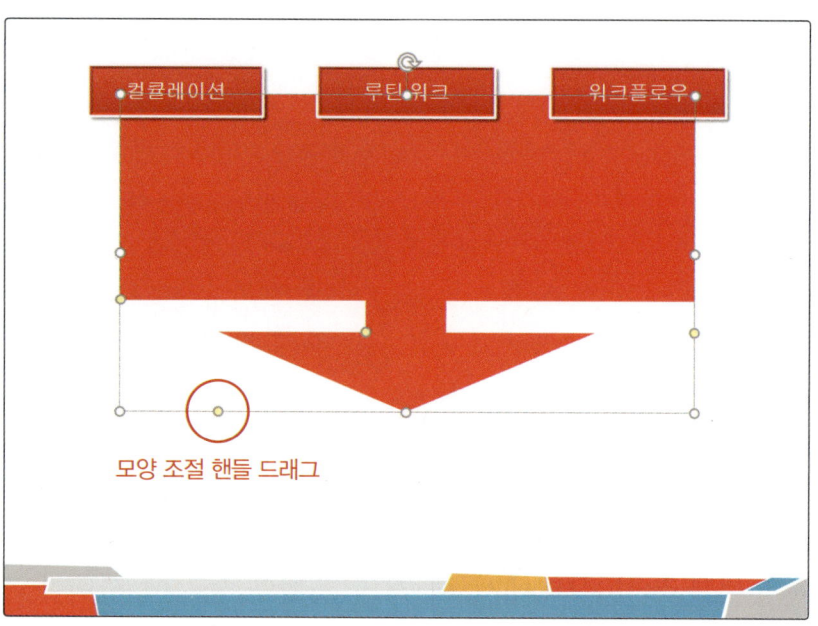

tip 모양 조절 핸들
도형이 선택된 상태에서 모양 조절 핸들에 마우스 포인터를 올려놓으면 ▷ 모양으로 변경됩니다. 이때 마우스를 원하는 방향으로 드래그하면 도형의 모양이 변경됩니다.

2. [그리기 도구]-[서식] 탭의 [도형 스타일] 그룹에서 도형 채우기(임의의 색)와 도형 윤곽선(윤곽선 없음)을 각각 지정합니다.

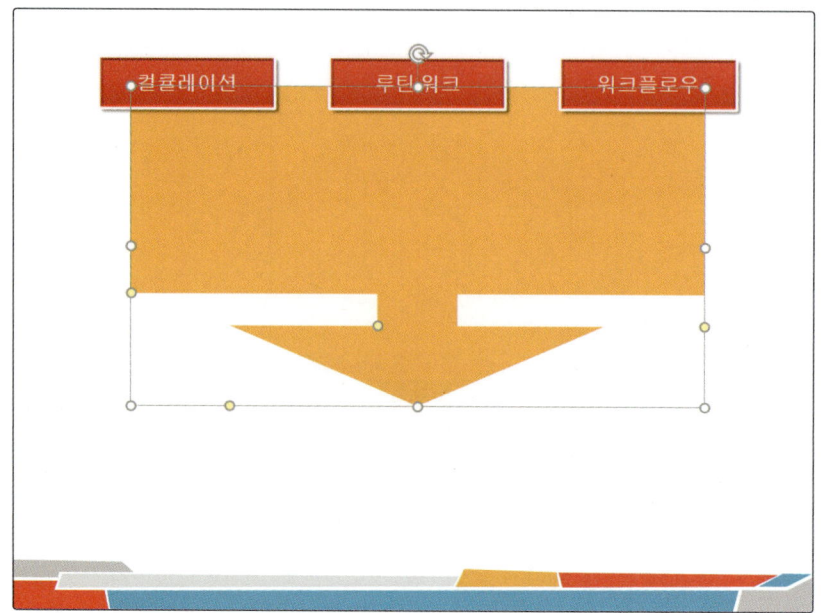

3. 도형에서 원통( )을 선택하여 적당한 크기로 삽입한 후 임의의 도형 스타일을 지정하고 주어진 내용을 입력합니다. 도형 효과(도형 효과) 단추를 클릭하여 [반사]-[반사 변형]-[근접 반사, 터치]를 선택합니다.

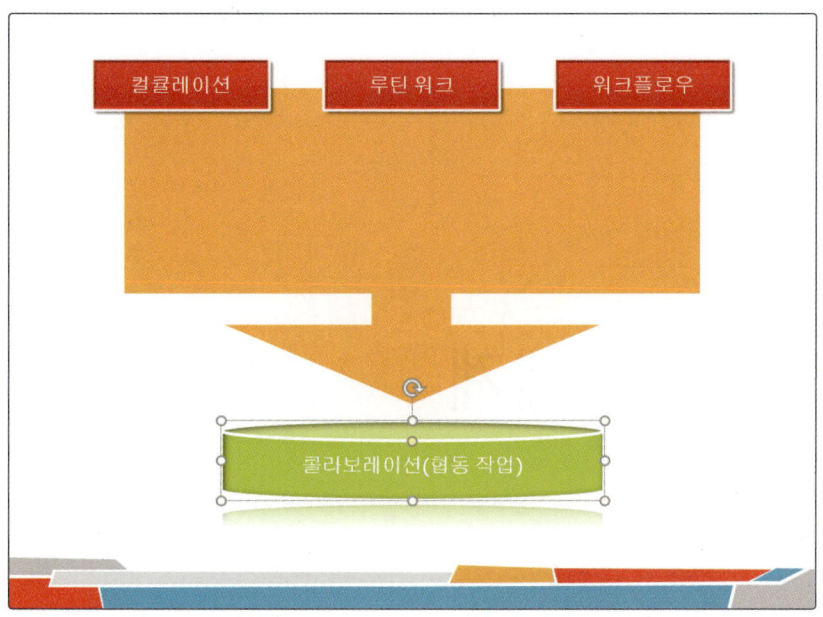

tip **도형 효과** : 기본 설정, 그림자, 반사, 네온, 부드러운 가장자리, 입체 효과, 3차원 회전 등을 지정합니다.

4. 마우스로 모든 도형이 포함되도록 드래그하여 선택한 후 [그리기 도구]-[서식] 탭의 [정렬] 그룹에서 그룹(그룹) 단추를 클릭하고 [그룹]을 선택하여 하나의 개체로 만듭니다.

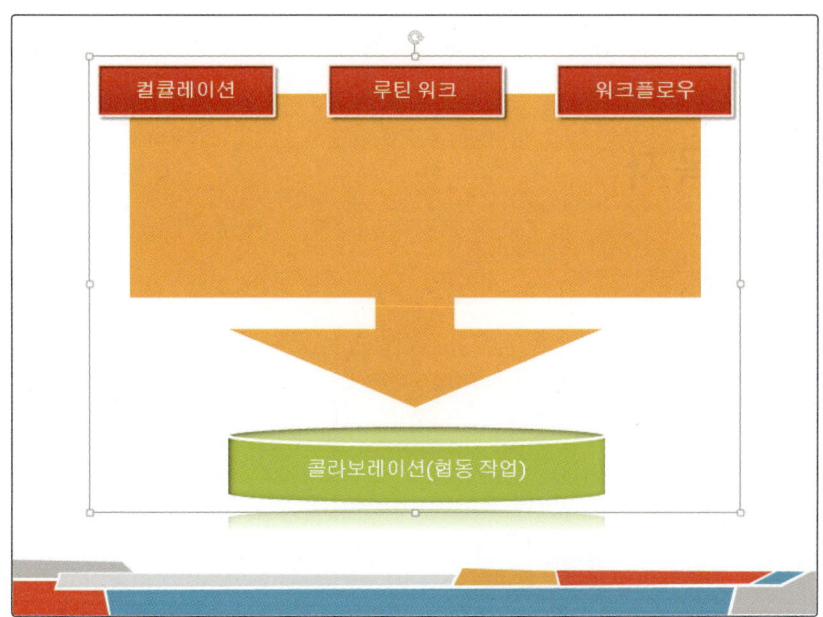

tip **도형 그룹**
- 그룹 : 여러 개의 도형(개체)을 하나로 그룹화하여 한꺼번에 이동/복사하고 서식을 지정합니다.
- 재그룹 : 그룹이 해제되었던 도형들을 다시 하나로 그룹화합니다.
- 그룹 해제 : 그룹화된 도형을 각각의 개별적인 도형(개체)으로 해제합니다.

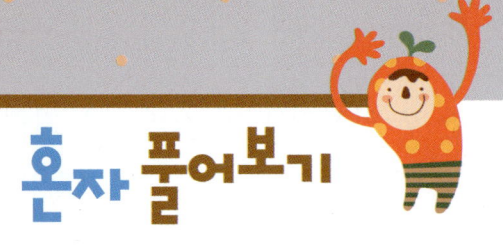

1 제목 슬라이드에 주어진 내용과 도형을 작성하고 '정보보호.pptx' 파일로 저장해 보세요.

 대각선 줄무늬와 해 도형은 모양을 조절(변경)한 후 복사하고 도형 채우기, 도형 윤곽선, 도형 효과를 지정합니다.

2 '정보보호.pptx' 파일에 제목만 슬라이드를 추가하고 주어진 내용과 도형을 작성해 보세요.

 십자형과 한쪽 모서리가 잘린 사각형은 임의의 글꼴 서식을 지정한 후 정렬(맨 뒤로 보내기)하여 복사하고 도형 채우기, 도형 윤곽선, 도형 효과를 지정합니다.

③ 제목 슬라이드에 '명언' 테마를 적용한 후 주어진 내용과 도형을 작성하고 '임금.pptx' 파일로 저장해 보세요.

 직사각형과 타원은 임의의 크기로 조절한 후 정렬(맨 뒤로 보내기)하여 복사하고 도형 채우기, 도형 윤곽선, 도형 효과를 지정합니다.

④ '임금.pptx' 파일에 제목만 슬라이드를 추가하고 주어진 내용과 도형을 작성해 보세요.

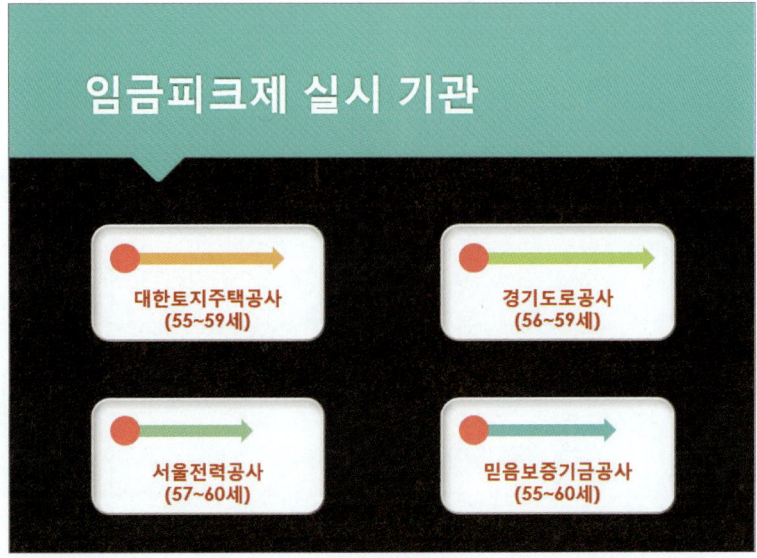

 모서리가 둥근 직사각형, 타원, 오른쪽 화살표는 크기를 적당히 조절한 후 정렬(뒤로 보내기)하여 복사하고 도형 채우기, 도형 윤곽선, 도형 효과를 지정합니다. 전체 도형을 하나의 그룹으로 처리합니다.

WordArt로 텍스트 꾸미기

WordArt는 미리 설정된 텍스트 효과를 이용하여 문자열을 디자인하는 기능으로 슬라이드에서 강조가 필요한 제목이나 중요한 텍스트를 꾸밀 때 사용합니다. 여기에서는 WordArt를 삽입하여 다양하게 편집한 후 모양을 변형하는 방법에 대하여 알아봅니다.

1 WordArt 삽입하기

1. '한국인.pptx' 파일을 불러옵니다. [삽입] 탭의 [텍스트] 그룹에서 WordArt( ) 단추를 클릭하고 원하는 스타일을 선택합니다.

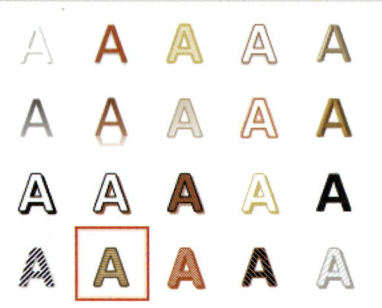

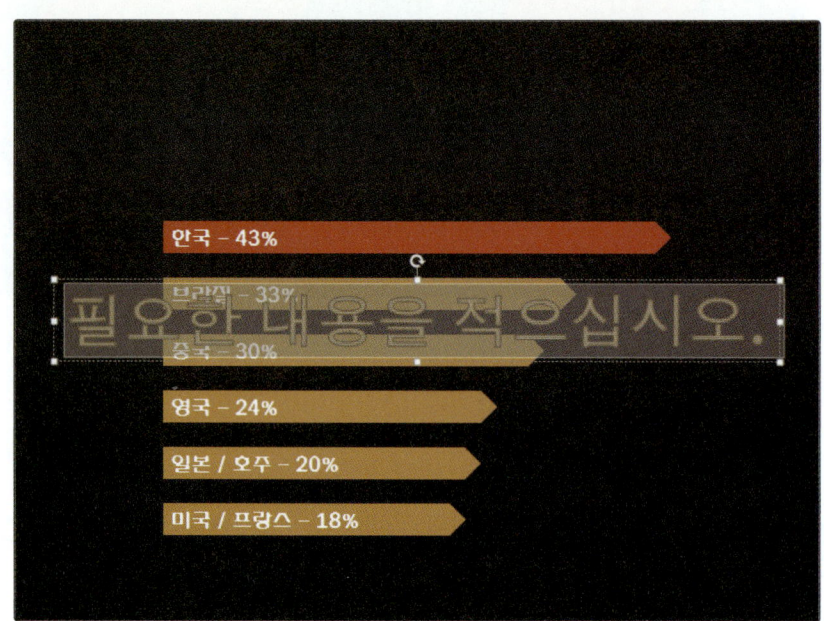

2. 슬라이드에 WordArt가 나타나면 주어진 내용을 입력하고 마우스로 드래그하여 슬라이드 상단으로 이동합니다.

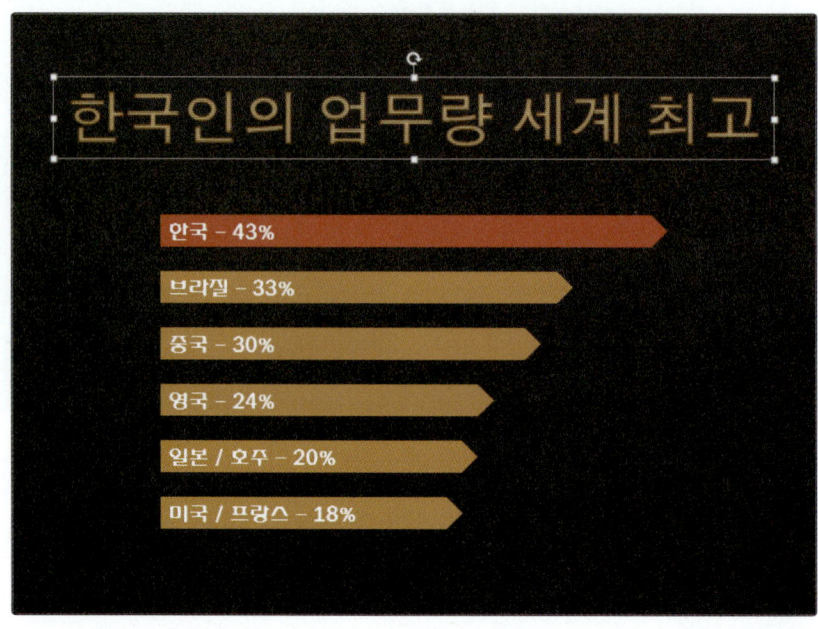

2 WordArt 편집하기

1. [그리기 도구]-[서식] 탭의 [WordArt 스타일] 그룹에서 텍스트 효과(텍스트 효과 ▼) 단추를 클릭하고 [변환]-[휘기]-[갈매기형 수장]을 선택합니다.

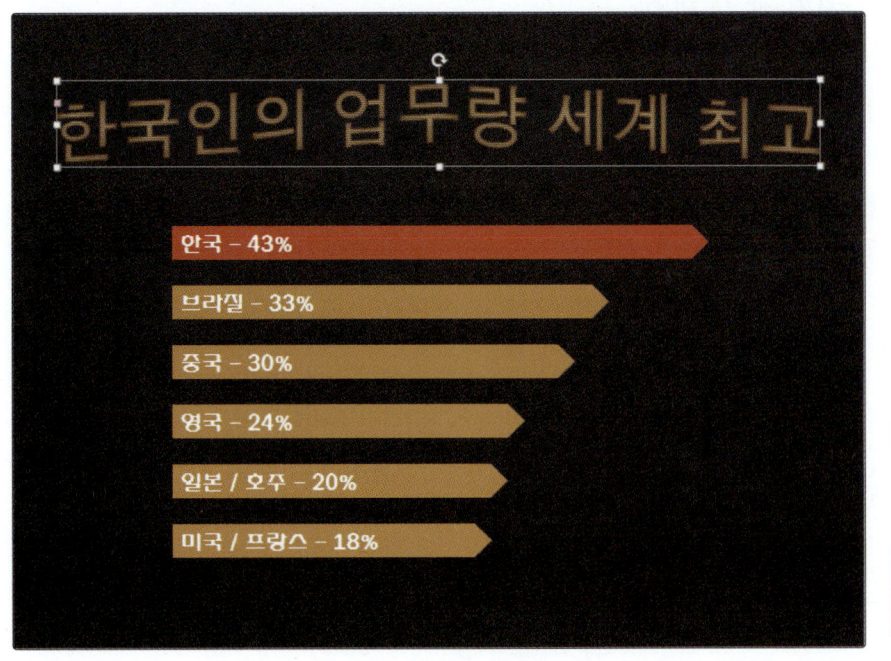

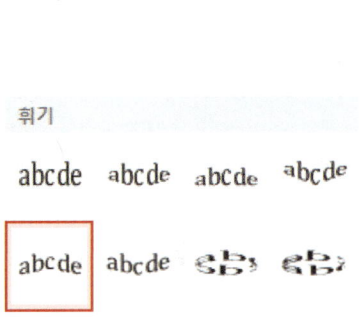

2. WordArt에 분홍색 모양 조절 핸들(■)을 이용하여 모양을 변형한 후 크기 조절 핸들로 세로 크기를 조절합니다.

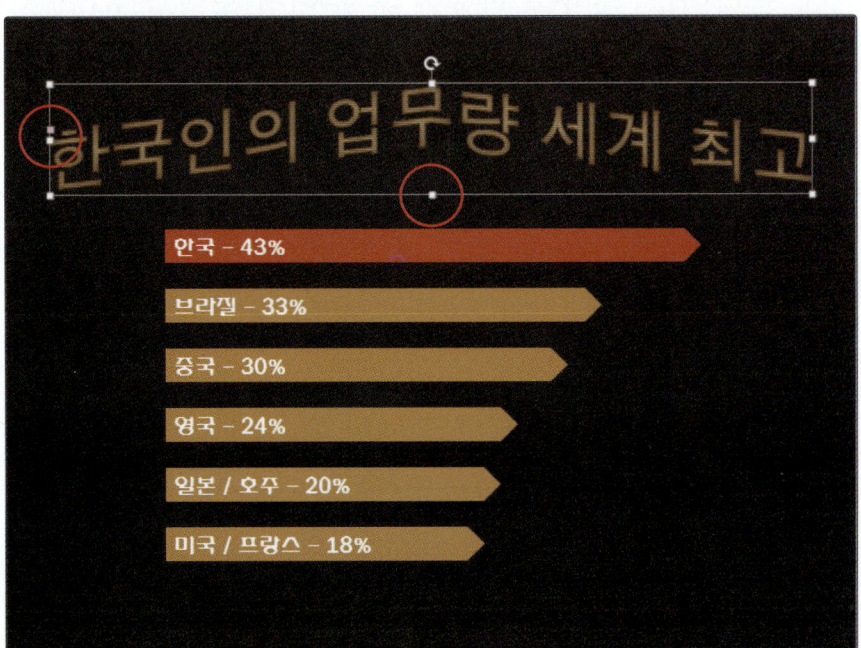

> **tip** **WordArt 모양 조절 핸들**
> WordArt에 나타난 모양 조절 핸들은 분홍색으로 표시되며, 이를 마우스로 드래그하면 현재 선택한 WordArt 의 모양을 쉽게 변형할 수 있습니다.

Section 08 WordArt로 텍스트 꾸미기 **43**

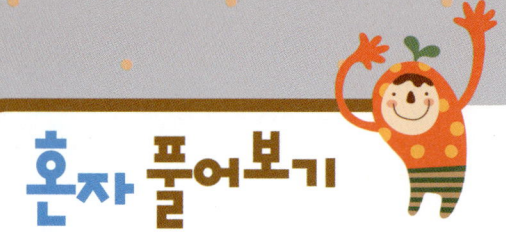

혼자 풀어보기

1 빈 화면 슬라이드에 '목판' 테마를 적용한 후 주어진 WordArt를 삽입하고 '독서.pptx' 파일로 저장해 보세요.

HINT 텍스트 효과에서 네온, 변환, 반사 효과를 지정합니다.

2 빈 화면 슬라이드에 '슬라이스' 테마를 적용한 후 주어진 도형과 WordArt를 삽입하고 '가계지출.pptx' 파일로 저장해 보세요.

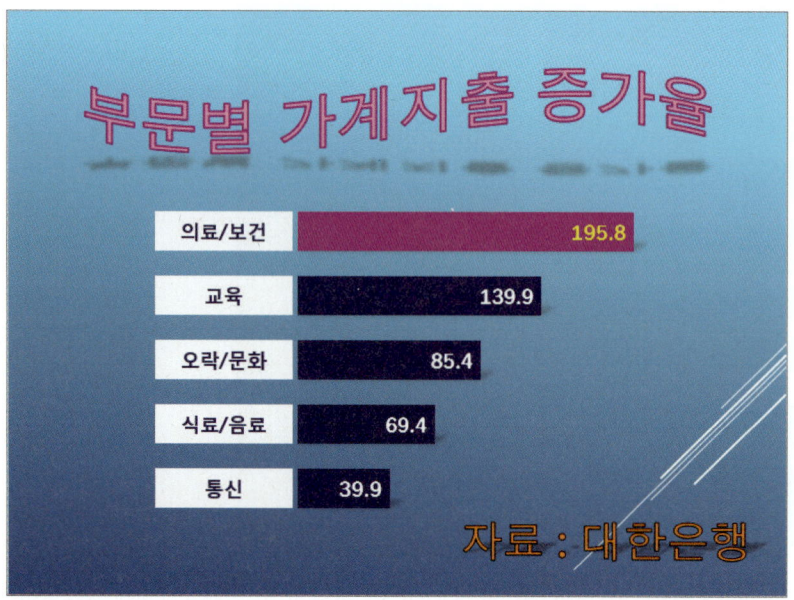

HINT 텍스트 효과에서 그림자, 변환 효과를 지정한 후 모양 조절 핸들로 해당 WordArt의 모양을 변형합니다.

③ '빈 화면' 슬라이드에 '광장' 테마를 적용한 후 주어진 WordArt를 삽입해서 완성해 보세요.

- WordArt 종류 : 제목(그라데이션 채우기 – 파랑, 강조 4, 반사), 부제목(채우기 – 주황, 강조 3, 윤곽선 – 텍스트 2)
- 제목 : [변환] → [휘기] → [수축]　　• 부제목 : [3차원 회전] → [원근감] → [원근감 강조(왼쪽)]

④ '취업률.pptx' 파일을 불러온 후 WordArt를 삽입하여 완성해 보세요.

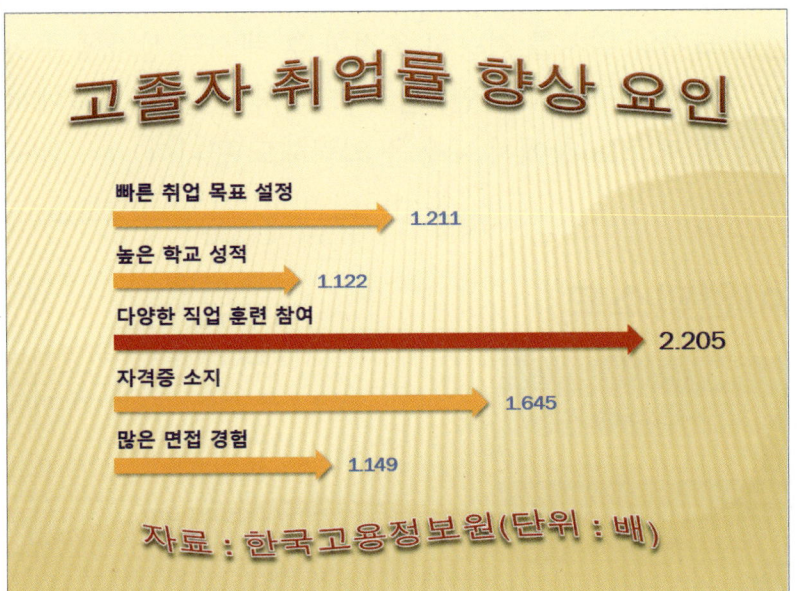

- 제목 : [변환] → [휘기] → [갈매기형 수장]　　• 부제목 : [변환] → [휘기] → [물결 2]

SECTION 09
SmartArt 그래픽 이용하기

POWERPOINT 2016

SmartArt 그래픽은 미리 정의된 다양한 갤러리에서 레이아웃, 서식 등을 빠르게 선택할 수 있는 기능으로 여기에서는 슬라이드에 원하는 SmartArt 그래픽을 삽입한 후 다양하게 편집하는 방법에 대하여 알아봅니다.

1 SmartArt 그래픽 삽입하기

1. '데이터.pptx' 파일을 열기한 후 [삽입] 탭의 [일러스트레이션] 그룹에서 SmartArt() 단추를 클릭합니다. [SmartArt 그래픽 선택] 대화 상자가 나타나면 [프로세스형]-[세그먼트 프로세스형]을 선택하고 [확인] 단추를 클릭합니다.

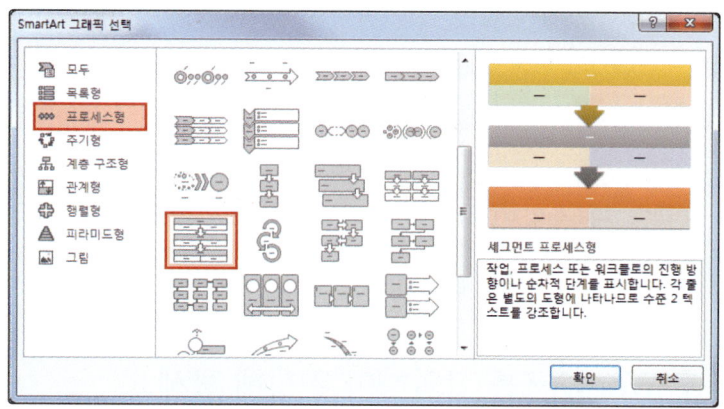

2. SmartArt 그래픽이 나타나면 크기와 위치를 적당히 조절한 후 텍스트 상자에 주어진 내용을 각각 입력합니다. [SMARTART 도구]-[디자인] 탭의 [그래픽 만들기] 그룹에서 텍스트 창(텍스트 창) 단추를 클릭한 후 텍스트 창에서 내용을 입력해도 됩니다.

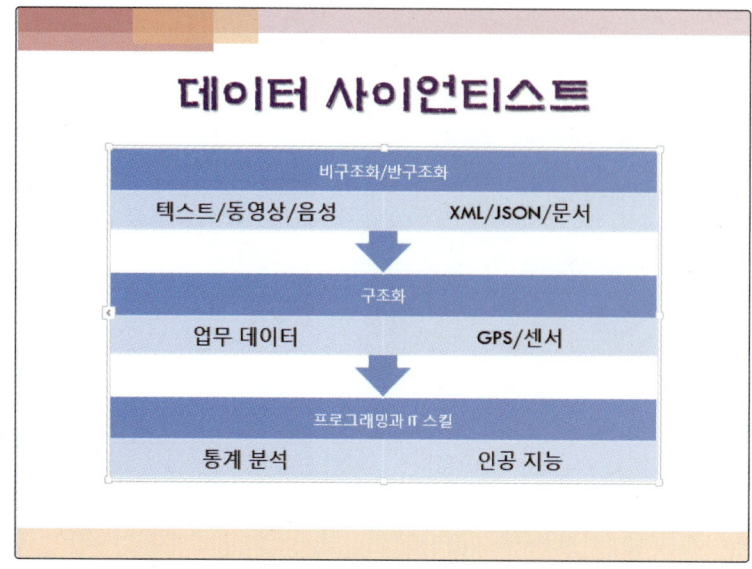
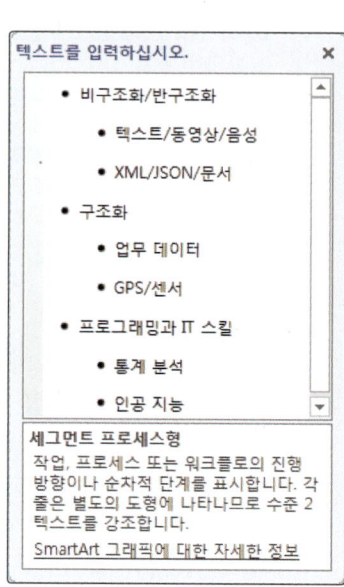

2 SmartArt 그래픽 편집하기

1. [SMARTART 도구]-[디자인] 탭의 [SmartArt 스타일] 그룹에서 색 변경( ) 단추를 클릭하고 [색상형]-[색상형-강조색]을 선택합니다.

2. 계속해서 [SmartArt 스타일] 그룹에서 자세히( ) 단추를 클릭하고 [3차원]-[광택 처리]를 선택합니다. 모든 작업이 완료되면 '데이터(완성).pptx' 파일로 저장합니다.

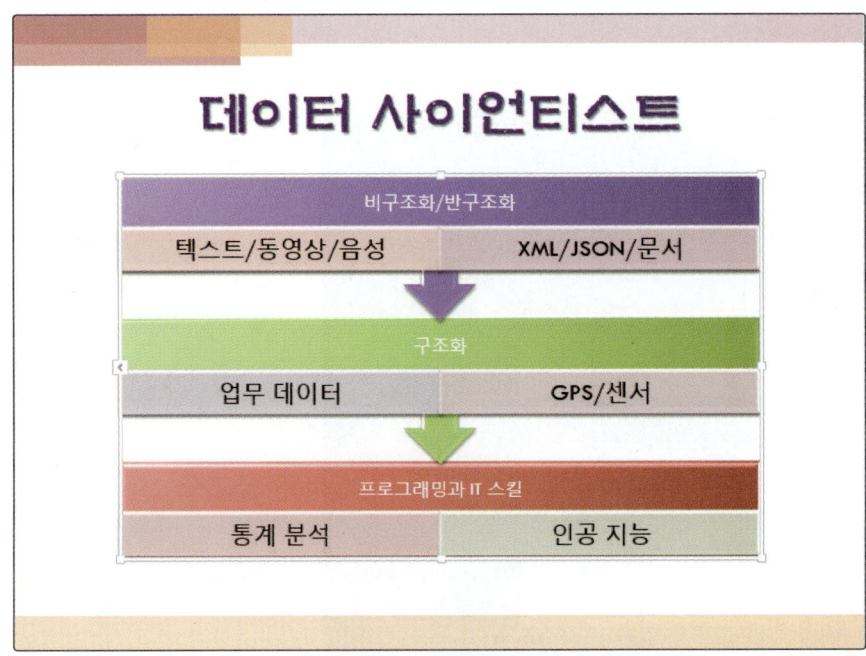

> **tip** 그래픽 원래대로
> [SMARTART 도구]-[디자인] 탭의 [원래대로] 그룹에서 그래픽 원래대로( ) 단추를 클릭하면 SmartArt 그래픽에 적용한 서식을 모두 취소하고 원래대로 복구합니다.

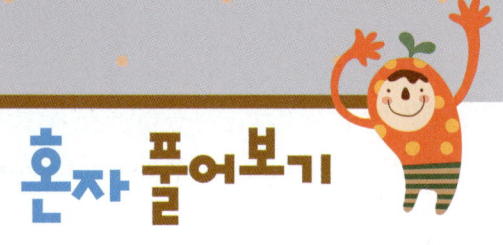

혼자 풀어보기

1 제목만 슬라이드에 '자연' 테마를 적용한 후 주어진 SmartArt를 삽입하고 '데이터사용.pptx' 파일로 저장해 보세요.

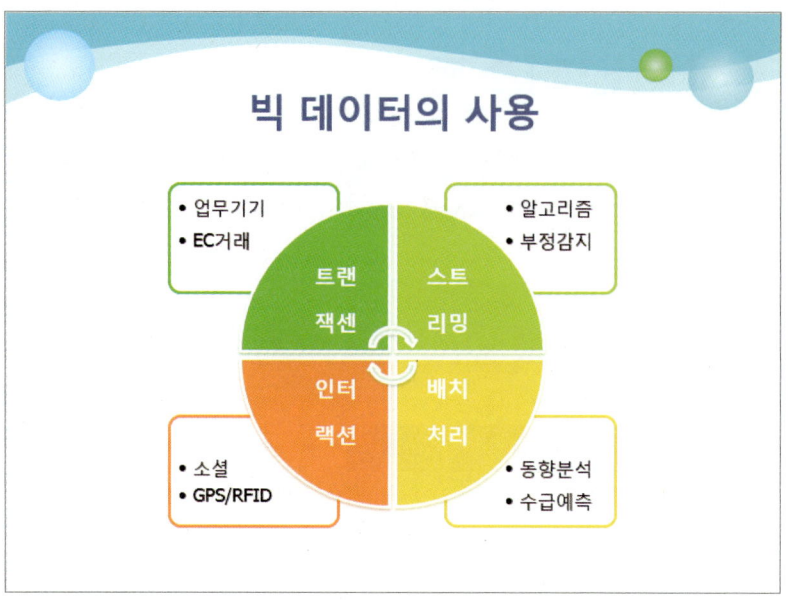

HINT 주기 행렬형을 삽입한 후 색 변경(색상형)과 스타일(흰색 윤곽선)을 지정합니다.

2 제목만 슬라이드에 '천체' 테마를 적용한 후 주어진 SmartArt를 삽입하고 '노후.pptx' 파일로 저장해 보세요.

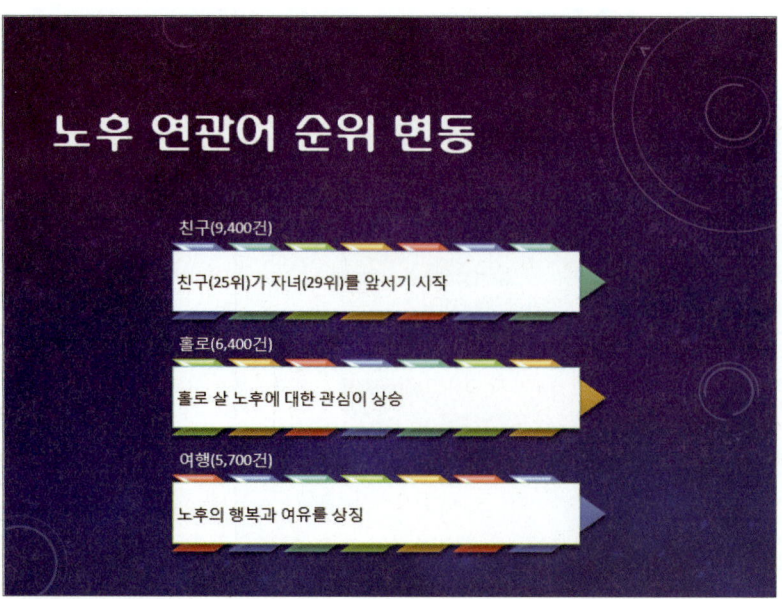

HINT 세로 강조 목록형을 삽입한 후 색 변경(색상형)과 스타일(광택 처리)을 지정합니다.

③ '제목만' 슬라이드에 '추억' 테마를 적용한 후 해당 SmartArt를 삽입하고 텍스트를 입력해서 '마케팅플랜.pptx' 파일로 저장해 보세요.

HINT
- [SmartArt 그래픽 선택] 대화 상자에서 [관계형]-[수렴 방사형]을 삽입합니다.
- [SmartArt 도구]의 [디자인] 탭 → [SmartArt 스타일] 그룹에서 색 변경은 '색상형 범위 – 강조색 2 또는 3', 스타일은 '3차원-경사'를 각각 선택합니다.
- 두 개의 텍스트 상자를 각각 선택하여 회전 핸들로 회전시킨 후 [홈] 탭 → [글꼴] 그룹에서 글꼴 서식을 변경합니다.

④ 빈 화면 슬라이드에 '분할' 테마를 적용한 후 주어진 SmartArt를 삽입하고 '조직도.pptx' 파일로 저장해 보세요.

HINT
- 계층 구조형을 삽입한 후 색 변경(색상형)과 스타일(경사)을 지정합니다.
- [SMARTART 도구]-[디자인] 탭의 [그래픽 만들기] 그룹에서 [도형 추가] 단추를 이용합니다.
- 부사장과 고문위원에서 각각 아래에 도형을 추가한 후 영업부에서 아래에 도형 추가와 뒤에 도형 추가를 합니다.

SECTION 10 그림 삽입하고 꾸미기

그림과 온라인 그림은 가장 기본적인 멀티미디어 요소로 슬라이드 내용과 관련된 그림을 검색하여 삽입하면 보다 효과적인 프레젠테이션을 만들 수 있습니다. 여기에서는 그림과 온라인 그림을 삽입하고 편집하는 방법에 대하여 알아봅니다.

1 그림 파일로 슬라이드 꾸미기

1. '조기유학.pptx' 파일을 열기한 후 [삽입] 탭의 [이미지] 그룹에서 그림() 단추를 클릭합니다. [그림 삽입] 대화 상자가 나타나면 다운받은 소스 파일의 [10단원]에서 '조기유학.jpg' 파일을 선택하고 [삽입] 단추를 클릭합니다.

2. 슬라이드에 그림 파일이 삽입되면 크기와 위치를 조절한 후 [그림 도구]-[서식] 탭의 [정렬] 그룹에서 뒤로 보내기(뒤로 보내기 ▼) 단추를 클릭하고 [맨 뒤로 보내기]를 선택합니다.

3. [그림 도구]-[서식] 탭의 [그림 스타일] 그룹에서 그림 효과(그림 효과▼) 단추를 클릭하고 [부드러운 가장자리]-[10 포인트]를 선택합니다.

4. 계속해서 [그림 도구]-[서식] 탭의 [조정] 그룹에서 꾸밈 효과(꾸밈 효과▼) 단추를 클릭하고, '열십자-에칭'을 선택합니다.

> **tip** [조정] 그룹 메뉴
> - 수정 : 그림의 밝기, 대비, 선명도를 조절합니다.
> - 색 : 품질 향상과 문서 내용에 맞추기 위해 그림 색을 변경합니다.
> - 배경 제거 : 그림 중 원하지 않는 부분을 자동으로 제거합니다.

2 온라인 그림으로 슬라이드 꾸미기

1. 슬라이드 2로 이동한 후 [삽입] 탭의 [이미지] 그룹에서 온라인 그림( ) 단추를 클릭합니다.

2. 그림 삽입 창의 Bing 검색란에 "유학"을 입력하여 검색한 후 원하는 그림을 선택하고 [삽입] 단추를 클릭합니다.

> **tip** **온라인 그림 삽입 창**
> 파워포인트 하위 버전에서는 클립 아트가 지원되었지만 프로그램이 버전업 되면서 Bing.com에서 이미지(그림)를 검색할 수 있습니다.

3. 슬라이드에 온라인 그림이 삽입되면 크기 조절 핸들을 이용하여 크기를 적당히 조절한 후 그림을 해당 위치로 드래그하여 이동합니다.

4. [그림 도구]-[서식] 탭의 [그림 스타일] 그룹에서 그림 효과(그림 효과▼) 단추를 클릭하고 [3차원 회전]-[원근감]-[원근감 강조(왼쪽)]을 선택합니다.

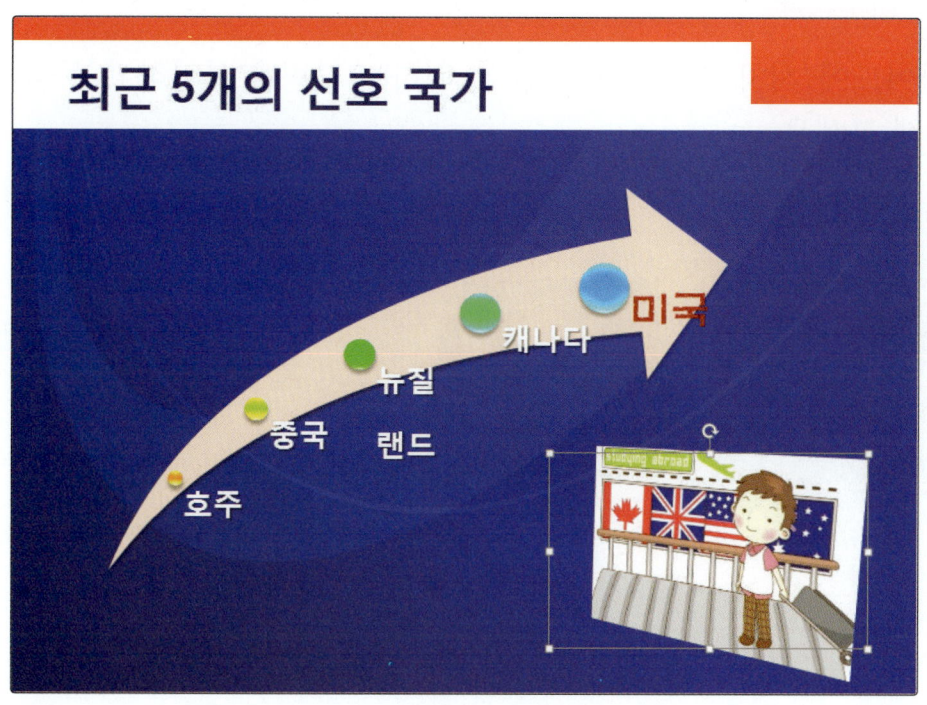

5. [그림 도구]-[서식] 탭의 [조정] 그룹에서 꾸밈 효과(꾸밈 효과▼) 단추를 클릭하고 '파스텔 부드럽게'를 선택합니다. 모든 작업이 완료되면 '조기유학(완성).pptx' 파일로 저장합니다.

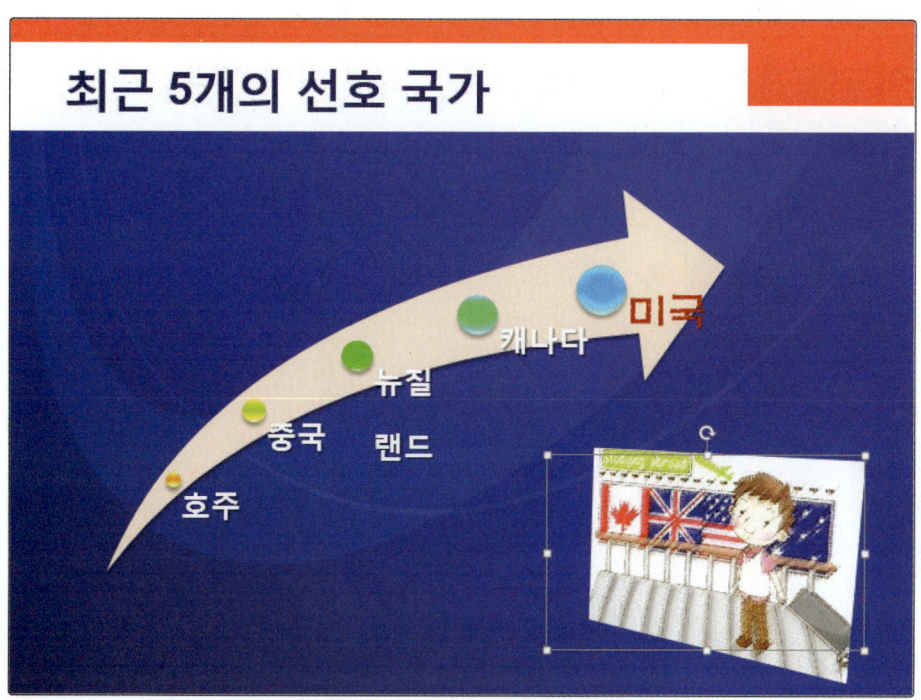

> **tip** [조정] 그룹 메뉴
> - 그림 압축( ) : 문서에서 그림을 축소하여 파일 크기를 줄입니다.
> - 그림 바꾸기( ) : 현재 그림의 서식과 크기를 유지하면서 다른 그림으로 변경합니다.
> - 그림 원래대로(▼) : 그림에 대해 변경한 서식을 모두 무시하고 원래대로 복구합니다.

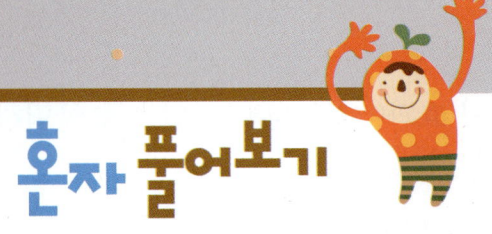

혼자 풀어보기

1 빈 화면 슬라이드에 '시차' 테마를 적용한 후 원하는 그림을 삽입하고 '동물.pptx' 파일로 저장해 보세요.

HINT [라이브러리] 폴더에서 원하는 그림을 각각 삽입하고 그림 효과(반사)를 지정합니다.

2 빈 화면 슬라이드에 '기본' 테마를 적용한 후 타원 도형에 그림을 삽입하고 '박람회.pptx' 파일로 저장해 보세요.

HINT 타원(정원)을 삽입한 후 [도형 채우기]-[그림]에서 원하는 그림을 각각 삽입하고 도형 효과(그림자)를 지정합니다.

③ 빈 화면 슬라이드에 '그물' 테마를 적용한 후 온라인 그림을 삽입하고 '가입자.pptx' 파일로 저장해 보세요.

 그림 삽입 창의 Bing 검색란에서 "휴대폰"을 검색한 후 그림 효과(반사)를 지정합니다.

④ 빈 화면 슬라이드에 '밴드' 테마를 적용한 후 온라인 그림을 삽입하고 '커피.pptx' 파일로 저장해 보세요.

- 그림 삽입 창의 Bing 검색란에서 "커피"와 "화폐"를 검색하여 삽입한 후 배경 제거를 합니다.
- 커피에는 꾸밈 효과(질감 표현)를 지정하고 화폐에는 그림 효과(그림자)를 지정합니다.

SECTION 11 표 작성하고 디자인하기

POWERPOINT 2016

표는 슬라이드 내용을 일목요연하게 정리하고자 할 때 많이 사용하는 기능입니다. 여기에서는 표를 슬라이드에 삽입하고, 서식과 편집 기능을 이용하여 다양한 형태의 표를 편집 및 디자인하는 방법에 대하여 알아봅니다.

1 표 삽입하기

1. 제목 및 내용 슬라이드에 '메모' 테마를 적용한 후 주어진 제목을 입력합니다. 표를 작성하기 위해 표 삽입() 아이콘을 클릭한 후 나타난 [표 삽입] 대화 상자에서 열 개수와 행 개수를 입력하고 [확인] 단추를 클릭합니다.

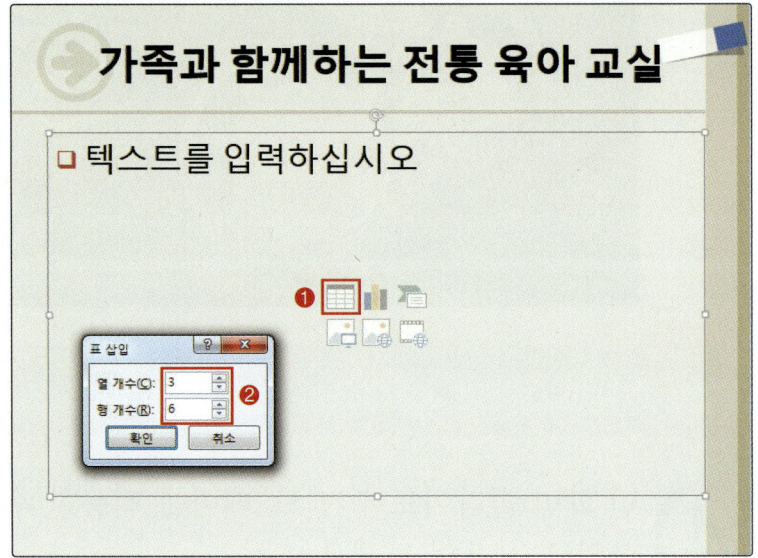

2. 표가 나타나면 각 셀에 주어진 내용을 입력합니다.

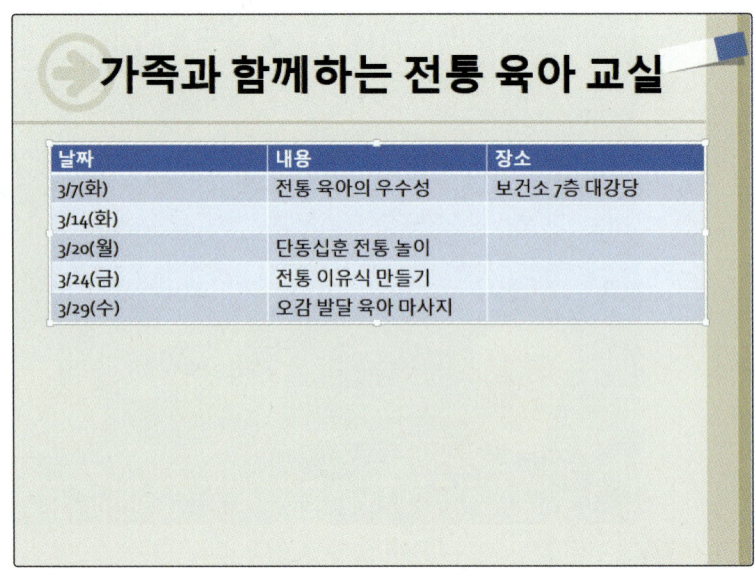

> **tip** **표 작성하는 또다른 방법** : [삽입] 탭의 [표] 그룹에서 표( ) 단추를 클릭한 다음 마우스를 드래그하여 표의 열과 행 수를 지정해도 됩니다.

2 표 편집하기

1. 표의 세 번째 행에서 [표 도구]-[레이아웃] 탭의 [행 및 열] 그룹에서 아래에 삽입(아래에삽입) 단추를 차례로 두 번 클릭하여 2개의 행이 삽입되면 주어진 내용을 입력합니다.

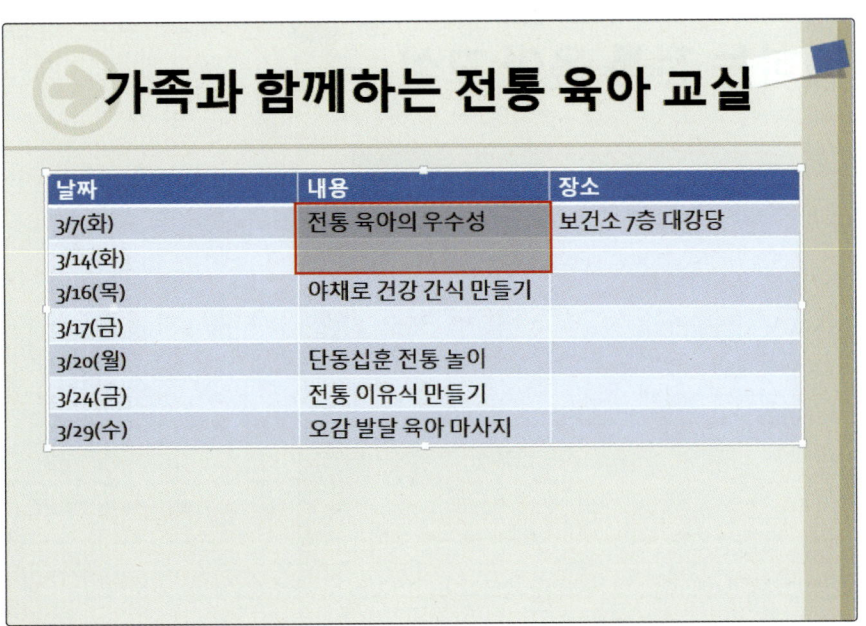

> **tip**
> **표의 구성** : 표를 구성하는 각각의 사각형을 '셀'이라고 하고, 표는 가로(행)와 세로(열)로 구성됩니다.

2. 표에서 해당 부분을 마우스로 드래그하여 블록 지정한 후 [표 도구]-[레이아웃] 탭의 [병합] 그룹에서 셀 병합(셀 병합) 단추를 클릭합니다.

> **tip** **셀 병합 및 셀 분할**
> 셀 병합은 선택한 셀을 하나의 셀로 병합하고, 셀 분할은 선택한 셀을 여러 개의 셀로 나눕니다.

3. 셀이 하나로 합쳐지면 동일한 방법으로 나머지 두 부분도 각각 셀 병합을 합니다.

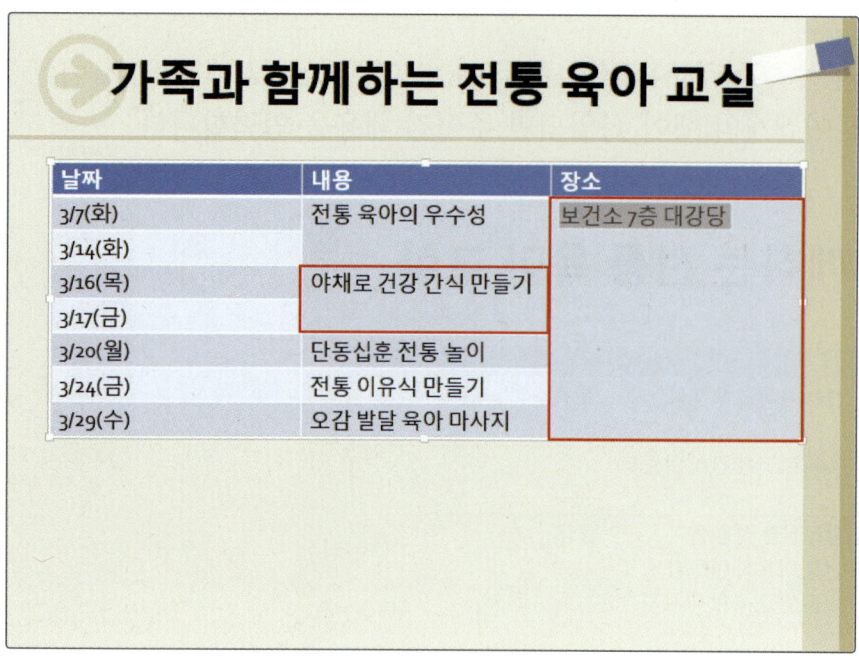

4. "보건소7층 대강당"을 블록 지정한 상태에서 [표 도구]-[레이아웃] 탭의 [맞춤] 그룹에서 가운데 맞춤( ) 단추를 클릭합니다.

5. 이번에는 표 테두리를 클릭하여 표 전체를 선택한 후 [맞춤] 그룹에서 세로 가운데 맞춤( ) 단추를 클릭하여 보기좋게 정렬합니다.

6. '날짜' 열을 블록 지정한 후 [표 도구]–[레이아웃] 탭의 [병합] 그룹에서 셀 분할(　) 단추를 클릭하고, [셀 분할] 대화 상자에서 열 개수와 행 개수를 지정한 다음 [확인] 단추를 클릭합니다.

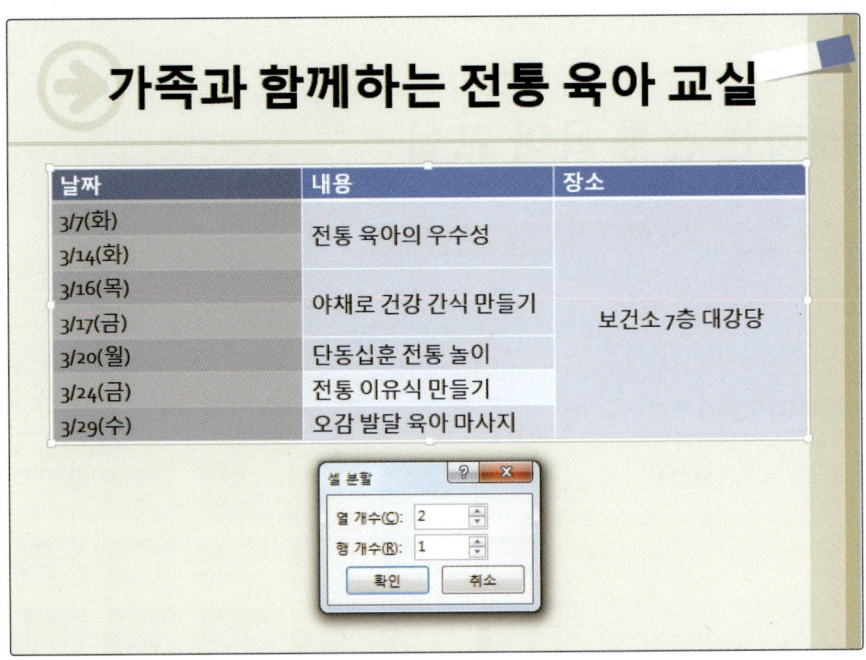

tip **열 삽입** : 삽입하려는 열에 커서를 위치시킨 후 [표 도구]–[레이아웃] 탭의 [행 및 열] 그룹에서 [왼쪽에 삽입]/[오른쪽에 삽입] 단추를 클릭하면 커서가 위치한 열의 바로 왼쪽에/오른쪽에 새로운 열이 삽입됩니다.

7. 해당 열이 분할되면 주어진 내용을 입력한 후 각 열의 경계선에서 마우스 포인터가 ↔ 모양으로 변경되면 마우스를 적당히 드래그하여 열 너비를 조절합니다.

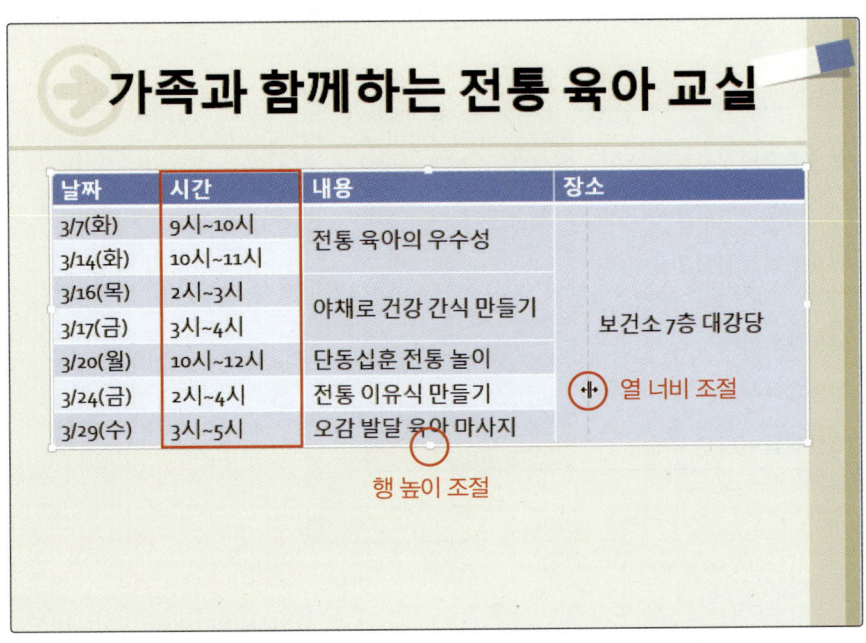

8. 제목 행을 블록 지정한 후 [표 도구]–[레이아웃] 탭의 [맞춤] 그룹에서 가운데 맞춤(　) 단추를 클릭합니다.

3 표 디자인하기

1. 표를 선택한 후 [표 도구]-[디자인] 탭의 [표 스타일] 그룹에서 자세히(▼) 단추를 클릭하고 [보통]-[보통 스타일 3-강조 2]를 선택합니다.

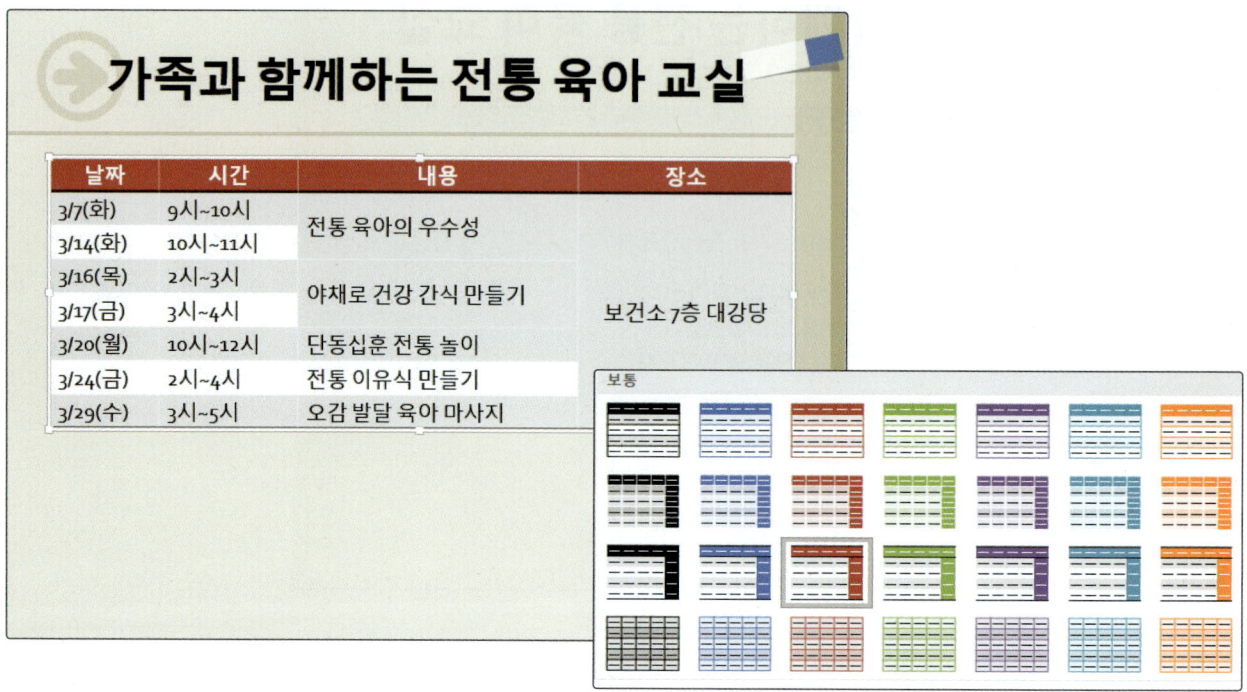

2. 계속해서 [표 도구]-[디자인] 탭의 [표 스타일 옵션] 그룹에서 '마지막 열'을 선택한 후 표의 크기 조절 핸들을 이용하여 세로 크기를 조절합니다.

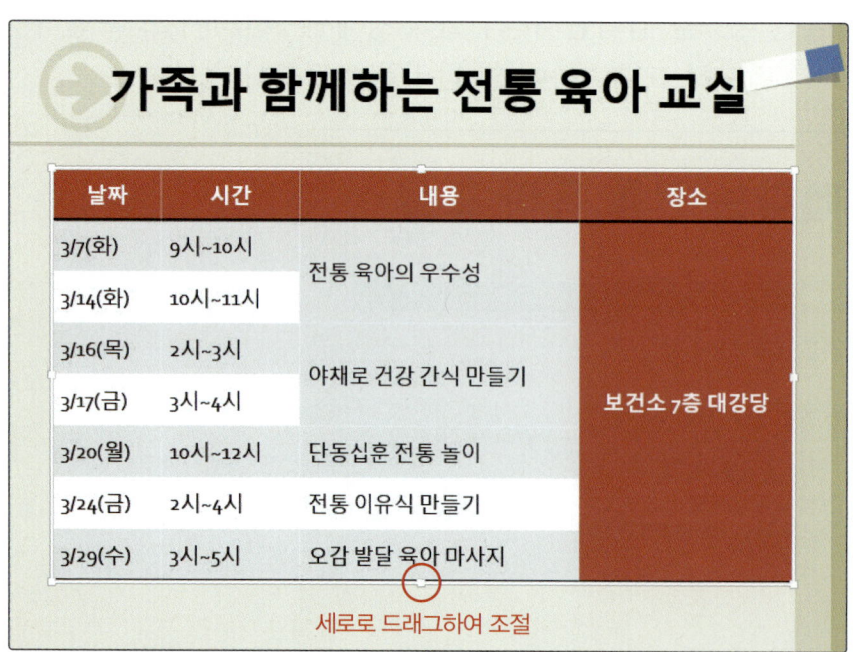

> **tip** 표 스타일 옵션
> - 머리글 행/요약 행 : 표의 머리글 행/마지막 행에 특수 서식을 표시합니다.
> - 첫째 열/마지막 열 : 표의 첫 번째 열/마지막 열에 특수 서식을 표시합니다.

3. 표의 해당 부분을 블록 지정한 후 [표 도구]-[디자인] 탭의 [표 스타일] 그룹에서 테두리 (테두리) 단추를 클릭하고 [안쪽 테두리]를 선택합니다.

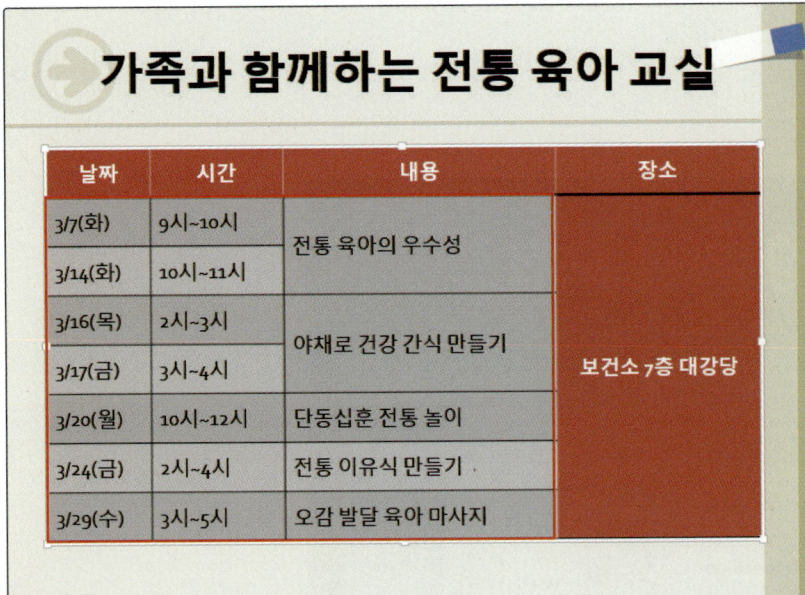

> **tip** [테두리 그리기] 그룹 메뉴
> - 펜 스타일/펜 두께 : 테두리를 그릴 때 사용되는 선의 스타일/선의 두께를 변경합니다.
> - 펜 색 : 펜의 색상을 변경합니다.
> - 표 그리기 : 원하는 부분에 표 테두리를 그립니다.
> - 지우개 : 원하는 부분의 표 테두리를 지웁니다.

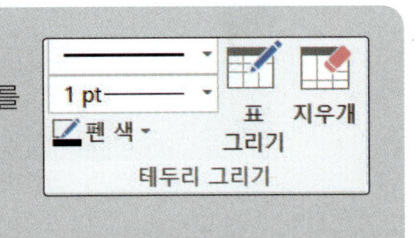

4. 다시 표 전체를 선택한 후 [표 도구]-[디자인] 탭의 [표 스타일] 그룹에서 효과(효과) 단추를 클릭하고 [그림자]-[바깥쪽]-[오프셋 아래쪽]을 선택합니다. 모든 작업이 완료되면 '육아교실.pptx' 파일로 저장합니다.

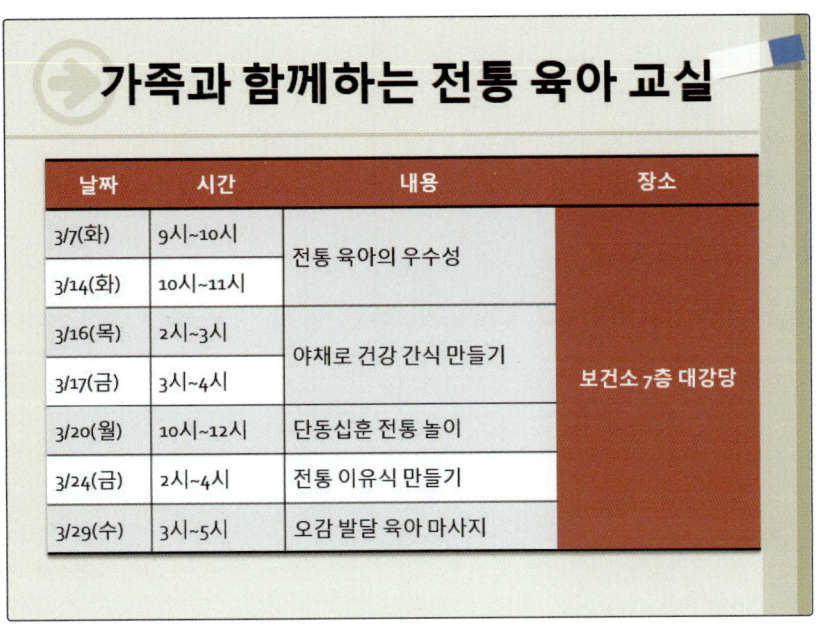

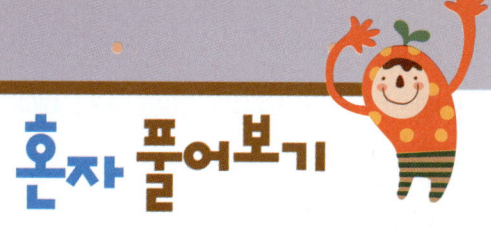

혼자 풀어보기

① '수영장.pptx' 파일을 불러온 후 주어진 표를 작성하고 행 높이와 열 너비를 조절해 보세요.

② 제목 및 내용 슬라이드에 '이온(회의실)' 테마를 적용한 후 주어진 표를 작성하고 '생활체육.pptx' 파일로 저장해 보세요.

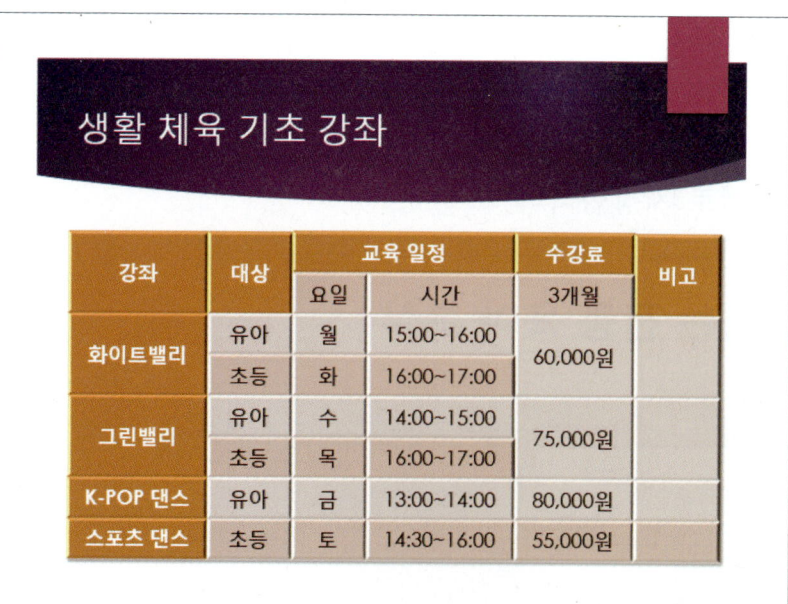

 HINT
- 표의 해당 부분은 셀 병합을 한 후 열 너비와 표 크기를 적당히 조절하고 가운데 맞춤/세로 가운데 맞춤을 지정합니다.
- 표 스타일 옵션, 표 스타일, 효과(셀 입체 효과, 그림자)를 지정합니다.

③ 제목 및 내용 슬라이드에 '매듭' 테마를 적용한 후 주어진 표를 작성하고 '동아리.pptx' 파일로 저장해 보세요.

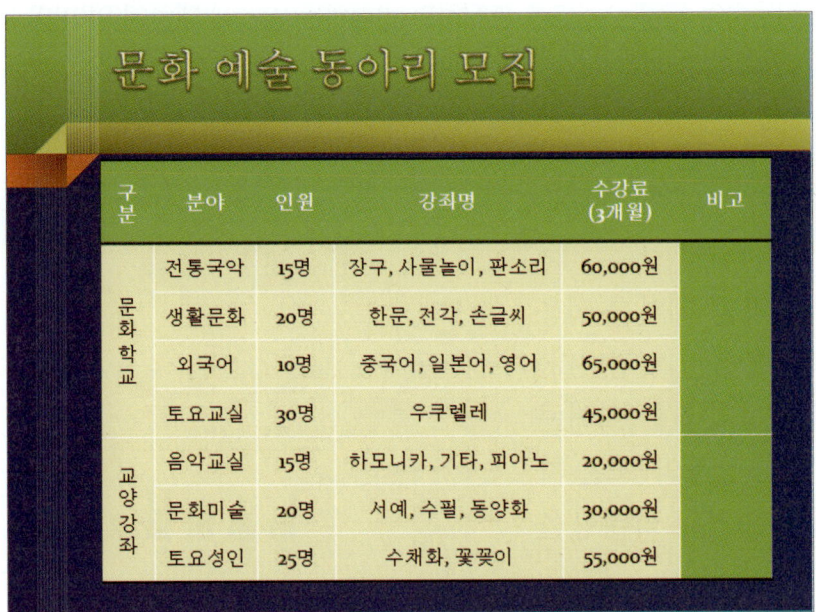

 행 및 열에서 인원 열을 삽입한 후 표 스타일 옵션, 표 스타일, 음영(1행과 6열은 제외), 테두리(1행 제외)를 지정합니다.

④ 제목 및 내용' 슬라이드에 '자연' 테마를 적용한 후 주어진 표를 작성하고 다음과 같이 편집해서 '문화센터.pptx' 파일로 저장해 보세요.

SECTION 12 차트 작성하고 디자인하기

POWERPOINT 2016

차트는 수치 데이터를 막대, 선, 도형 등을 이용하여 시각적으로 표현한 것으로 숫자로 구성된 데이터를 비교, 분석, 예측할 수 있습니다. 여기에서는 차트를 슬라이드에 삽입한 후 다양한 서식과 편집 기능을 이용하여 원하는 차트를 편집하고 변형하는 방법에 대하여 알아봅니다.

1 차트 삽입하기

1. 제목 및 내용 슬라이드에 '물방울' 테마를 적용한 후 제목(한 달 평균 독서량)을 입력합니다. 차트를 작성하기 위해 차트 삽입( ) 아이콘을 클릭한 후 [차트 삽입] 대화 상자의 [모든 차트] 탭에서 세로 막대형의 '묶은 세로 막대형'을 선택하고 [확인] 단추를 클릭합니다.

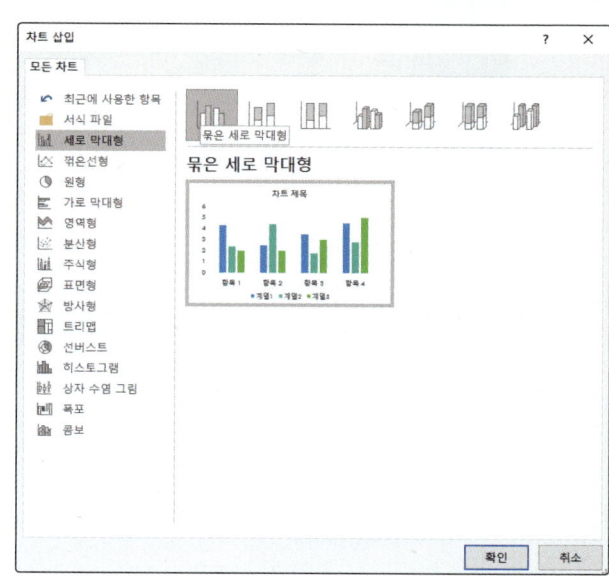

> **tip 차트 삽입**
> [삽입] 탭의 [일러스트레이션] 그룹에서 차트( ) 단추를 클릭해도 차트를 작성할 수 있습니다.

2. Microsoft PowerPoint의 차트 창이 나타나면 주어진 내용을 입력하고 화면 오른쪽 상단의 닫기() 단추를 클릭합니다.

	A	B	C	D
1		1권 미만	1~2권	3~4권
2	초등학생	3.1	18.1	19.8
3	중학생	10.4	29.6	17.1
4	고등학생	16.8	33.4	15.3
5	대학생	20.5	40.2	13.7

> **tip 데이터 범위 :** 데이터 내용이 적은 경우에는 데이터 범위의 오른쪽 아래 모서리를 데이터가 입력된 곳까지 드래그하여 크기를 조절합니다.

3. 슬라이드에 차트가 삽입되면 크기 조절 핸들을 이용하여 차트 크기를 적당히 조절합니다.

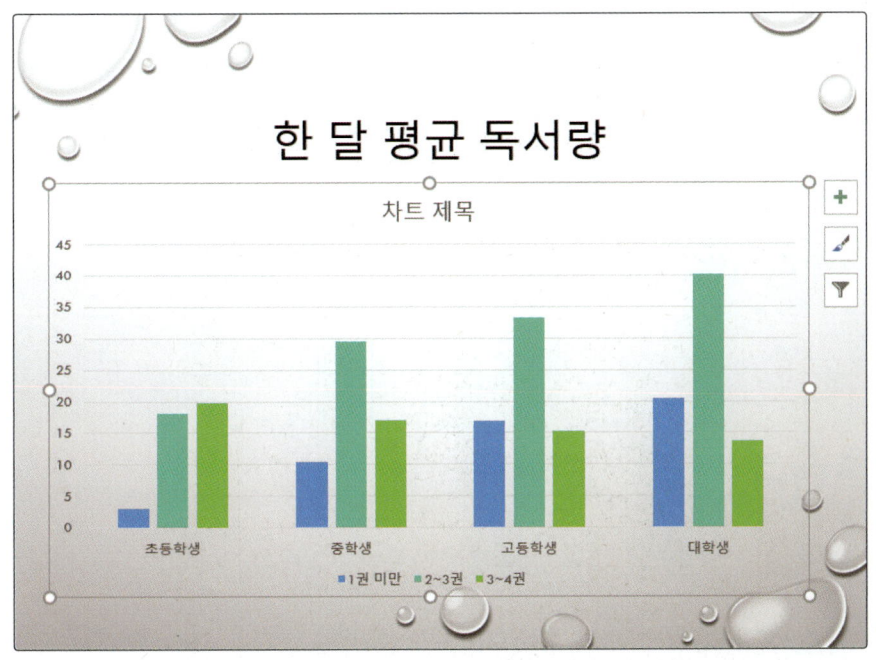

> **tip** **데이터 편집 :** [차트 도구]-[디자인] 탭의 [데이터] 그룹에서 데이터 편집() 단추를 클릭하면 차트의 원본 데이터가 나타납니다. 여기에서 데이터를 수정하면 차트에 바로 적용됩니다.

2 차트 편집하기

1. 차트 제목을 입력한 후 [차트 도구]-[디자인] 탭의 [차트 스타일] 그룹에서 색 변경( ) 단추를 클릭하고 '색 2'를 선택합니다.

 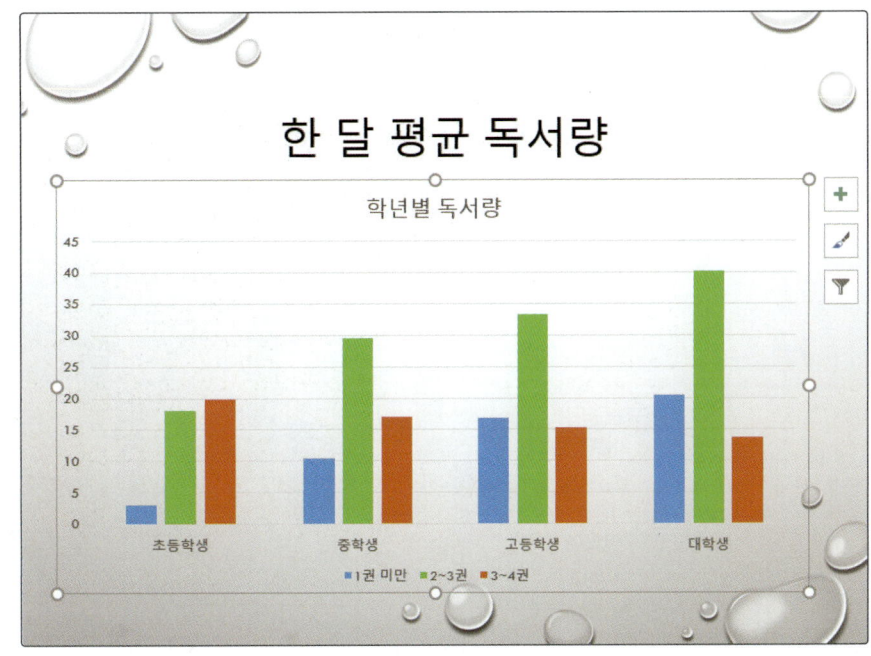

2. [차트 도구]-[디자인] 탭의 [차트 레이아웃] 그룹에서 차트 요소 추가( ) 단추를 클릭하고 [축 제목]-[기본 세로]를 선택한 후 축 제목이 나타나면 "단위 : %"를 입력합니다.

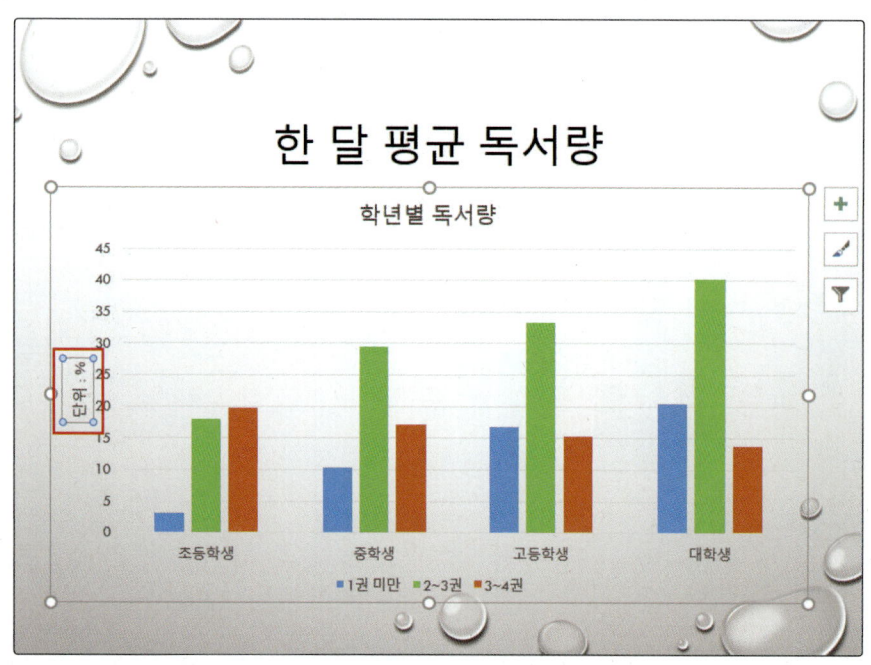

> **tip 차트 요소**
> - 데이터 레이블 : 데이터 계열에 대하여 값이나 데이터 항목을 표시하는 것으로 특정 계열을 선택하지 않으면 모든 데이터 계열에 레이블이 표시됩니다.
> - 범례 : 차트의 데이터 계열이나 항목에 지정된 무늬 및 색상을 표시합니다.

3. 차트의 세로 (값) 축에서 마우스 오른쪽 버튼을 클릭한 후 [축 서식]을 선택합니다. 또는 세로 (값) 축을 더블 클릭합니다.

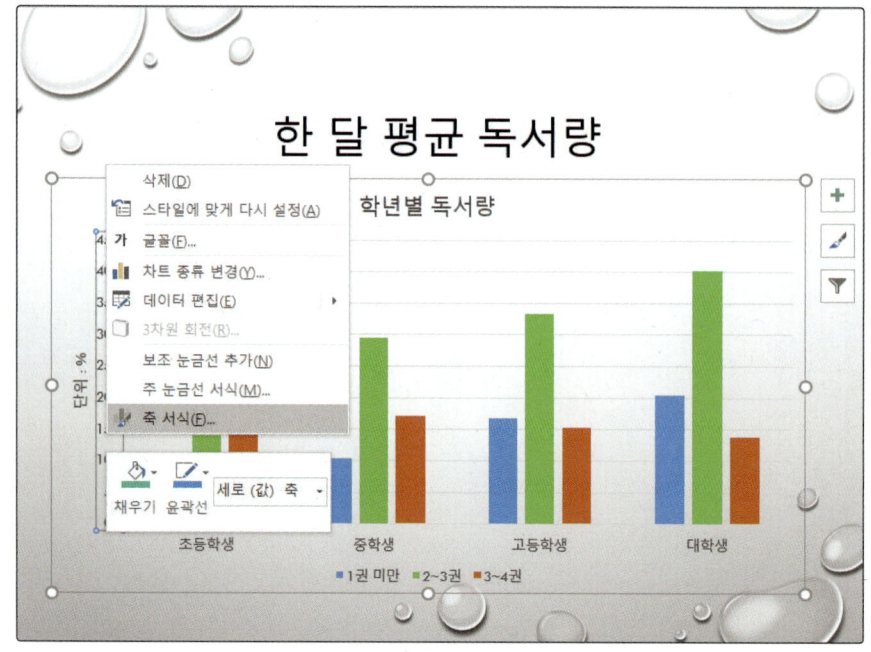

4. 축 서식 작업 창의 축 옵션에서 최댓값을 '40'으로 변경한 후 '값을 거꾸로'를 선택하고 오른쪽 상단의 닫기(❌) 단추를 클릭합니다. 그러면 차트가 거꾸로 표시됩니다.

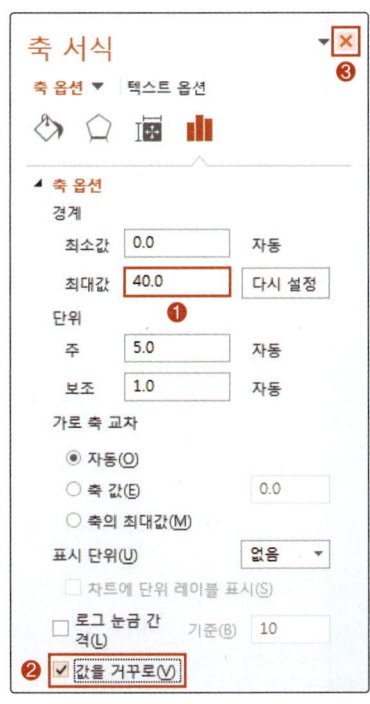

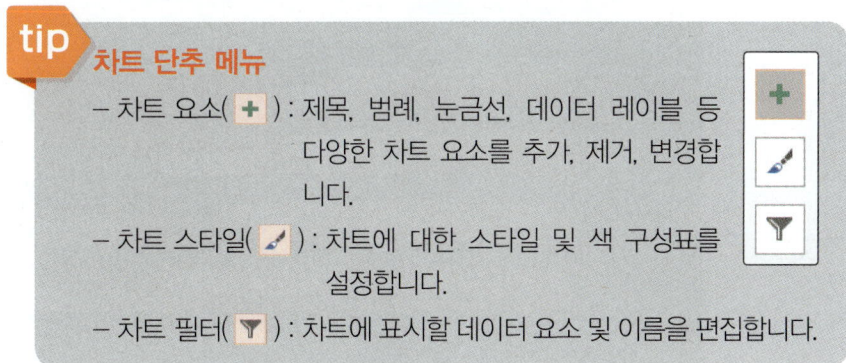

tip 차트 단추 메뉴
- 차트 요소(➕) : 제목, 범례, 눈금선, 데이터 레이블 등 다양한 차트 요소를 추가, 제거, 변경합니다.
- 차트 스타일(🖌) : 차트에 대한 스타일 및 색 구성표를 설정합니다.
- 차트 필터(▽) : 차트에 표시할 데이터 요소 및 이름을 편집합니다.

5. 차트에서 그림 영역을 선택한 후 [차트 도구]-[서식] 탭의 [도형 스타일] 그룹에서 도형 채우기(🎨 도형 채우기 ▼) 단추를 클릭하고 임의의 색을 선택해서 배경색을 칠합니다. 모든 작업이 완료되면 '독서량.pptx' 파일로 저장합니다.

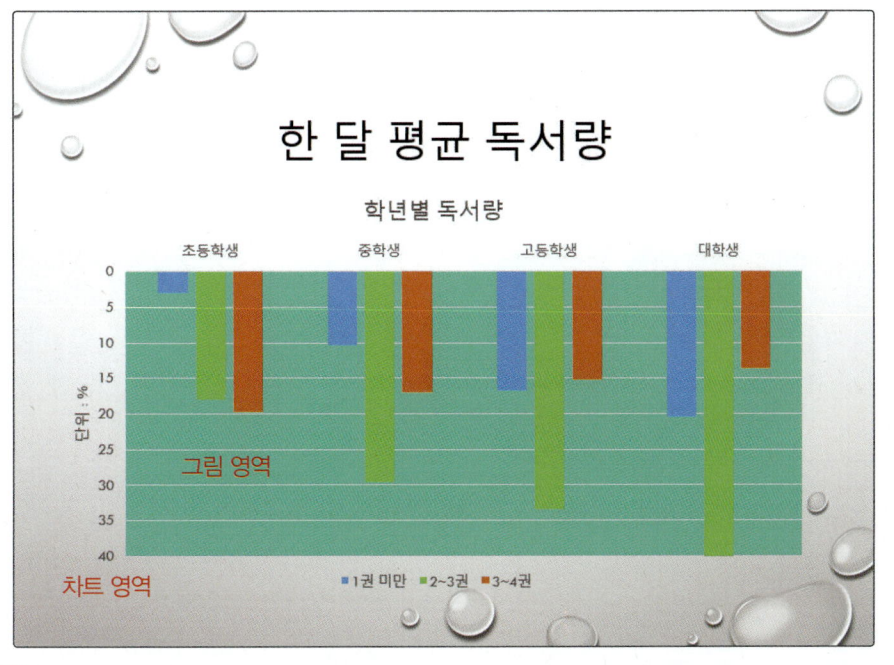

tip 차트 영역과 그림 영역
- 차트 영역 : 차트의 전체 영역으로 차트의 모든 항목이 표시됩니다.
- 그림 영역 : X축과 Y축으로 구성된 영역으로 데이터 계열이 표시됩니다.

Section 12 차트 작성하고 디자인하기 **67**

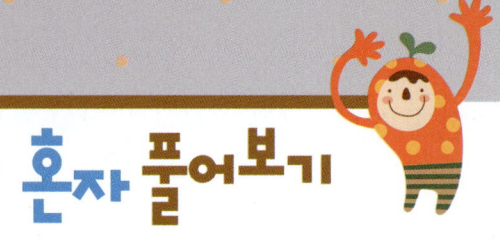

① 제목 및 내용 슬라이드에 '슬레이트' 테마를 적용한 후 주어진 차트를 작성하고 '교역현황.pptx' 파일로 저장해 보세요.

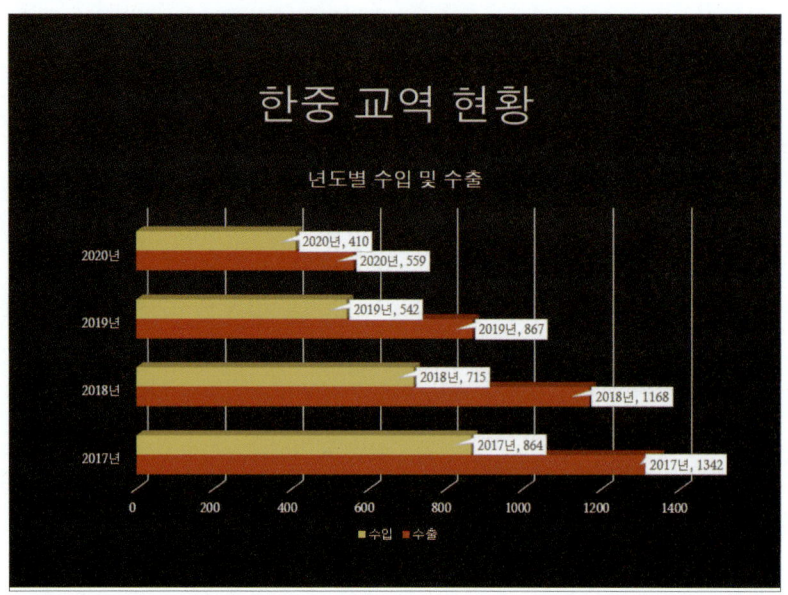

HINT 3차원 묶은 가로 막대형에서 차트 제목을 입력한 후 데이터 레이블을 지정합니다.

② 제목 및 내용 슬라이드에 '프레임' 테마를 적용한 후 주어진 차트를 작성하고 '인터넷.pptx' 파일로 저장해 보세요.

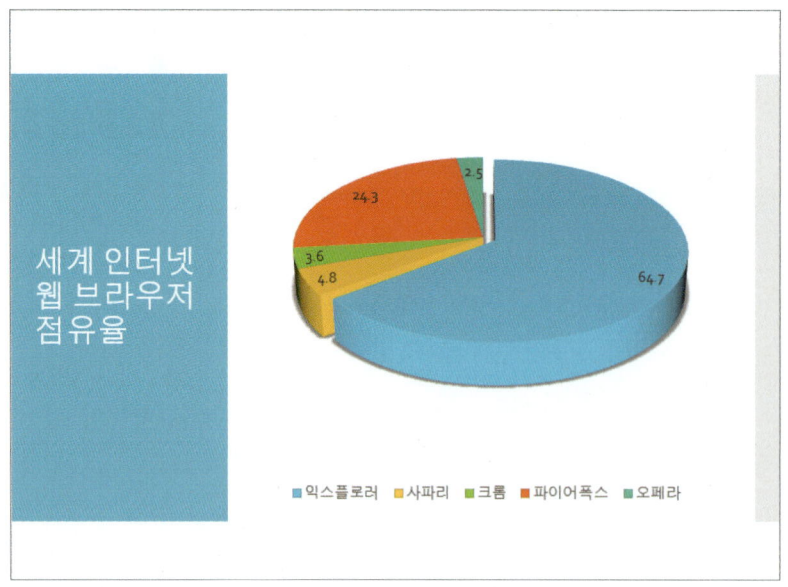

HINT 3차원 원형에서 스타일 10을 설정한 후 데이터 레이블을 지정하고 '익스플로러' 계열을 드래그하여 분리합니다.

③ 제목 및 내용 슬라이드에 '줄기' 테마를 적용한 후 주어진 차트를 작성하고 '취업자.pptx' 파일로 저장해 보세요.

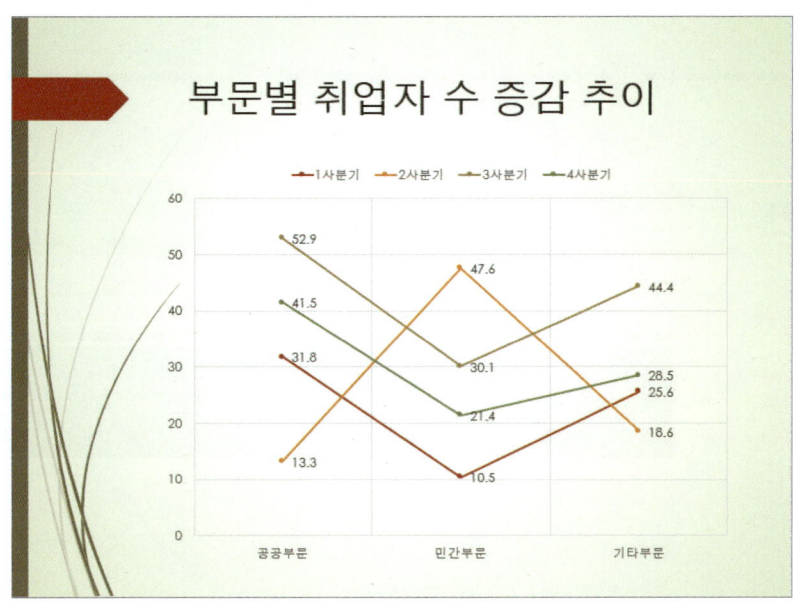

 표식이 있는 꺾은선형에서 범례 위치를 변경한 후 데이터 레이블을 지정하고 눈금선을 변경합니다.

④ 제목 및 내용 슬라이드에 '비행기 구름' 테마를 적용한 후 주어진 차트를 작성하고 '노인인구.pptx' 파일로 저장해 보세요.

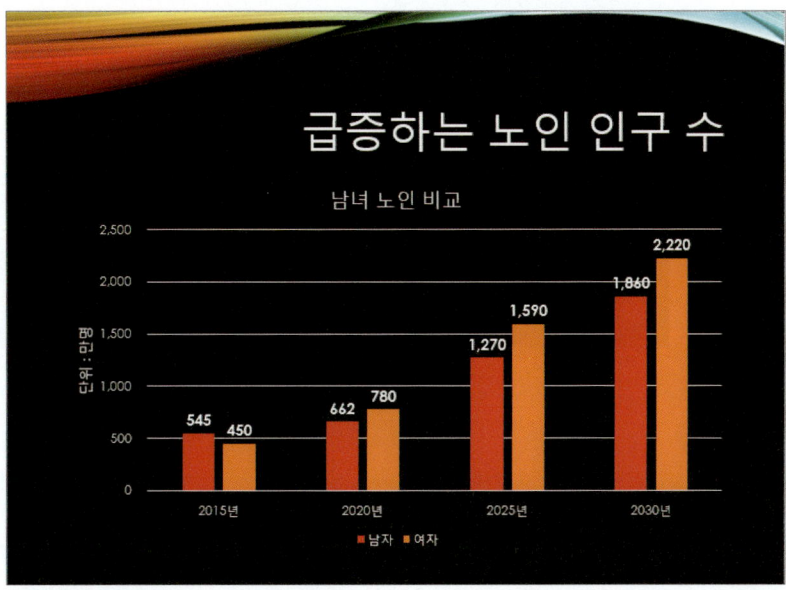

 묶은 세로 막대형에서 축 제목, 데이터 레이블을 지정한 후 축 서식의 표시 형식(1000 단위 구분 기호 사용)을 설정합니다.

SECTION 13 슬라이드 마스터 디자인하기

슬라이드 마스터는 여러 슬라이드에 동일한 서식과 배경 등을 일괄적으로 적용할 수 있는 기능입니다. 여기에서는 슬라이드 마스터의 몇 가지 적용 방법에 대해서 알아봅니다.

1 슬라이드 마스터 디자인

1. '건강.pptx' 파일을 열기한 후 [보기] 탭의 [마스터 보기] 그룹에서 슬라이드 마스터() 단추를 클릭합니다. 슬라이드 마스터 화면이 나타나면 하단에 있는 '바닥글'과 '날짜' 상자를 동시에 선택한 후 Delete 키를 눌러 삭제합니다.

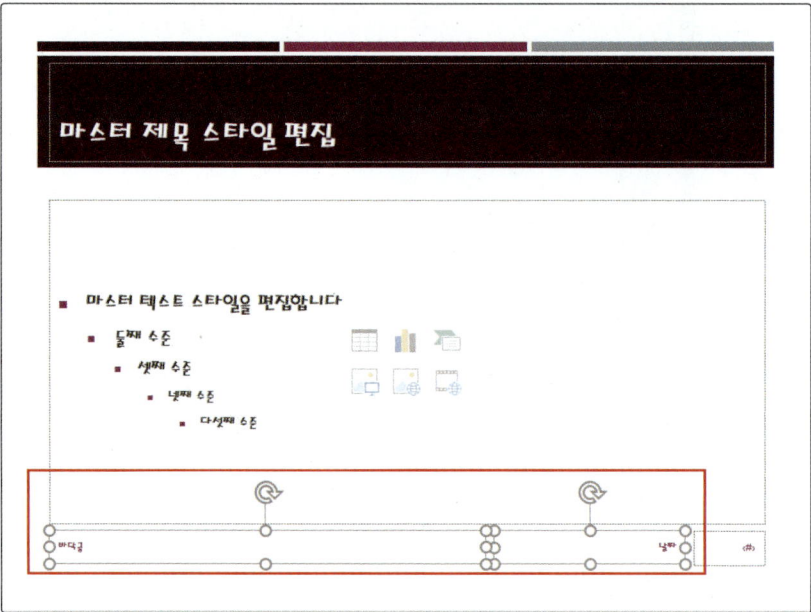

2. 슬라이드 마스터에 온라인 그림 중 "건강"을 검색하여 원하는 그림을 삽입한 후 크기를 적당히 조절하고 제목 오른쪽 상단에 드래그하여 배치합니다.

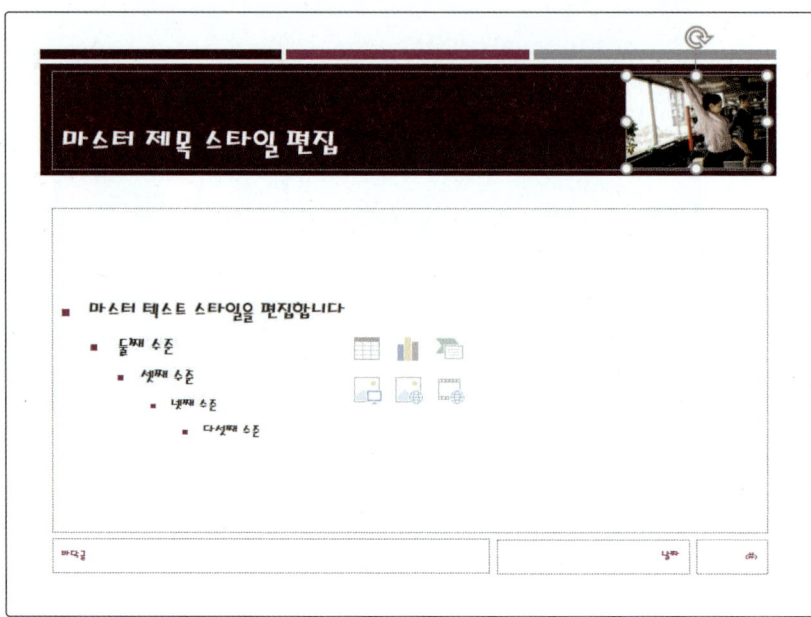

2 슬라이드 레이아웃 디자인

1. 슬라이드 번호를 삽입하기 위하여 [삽입] 탭의 [텍스트] 그룹에서 머리글/바닥글( ) 단추를 클릭합니다. [머리글/바닥글] 대화 상자의 [슬라이드] 탭에서 '슬라이드 번호'만을 선택하고 [모두 적용] 단추를 클릭합니다.

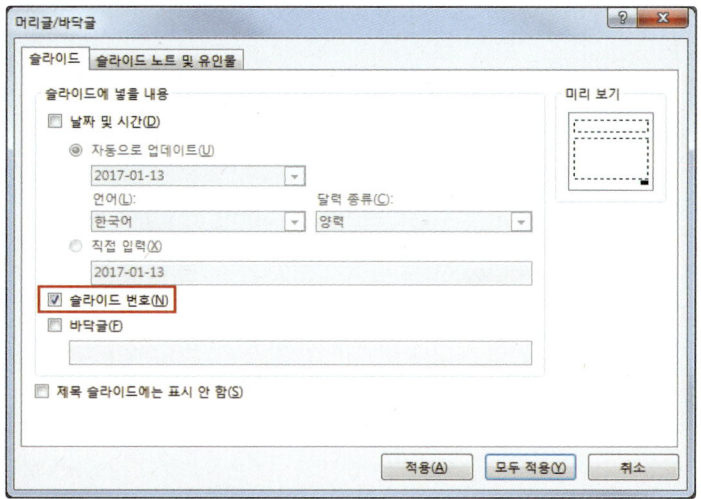

tip '제목 슬라이드에는 표시 안 함' 체크 시
첫 번째 슬라이드(슬라이드 1)를 제외하고 나머지 슬라이드에만 슬라이드 번호를 삽입합니다.

2. [슬라이드 마스터] 탭의 [닫기] 그룹에서 마스터 보기 닫기( ) 단추를 클릭하면 모든 슬라이드에 동일한 슬라이드 마스터(온라인 그림, 슬라이드 번호)가 적용된 것을 확인할 수 있습니다. 모든 작업이 완료되면 '건강(완성).pptx' 파일로 저장합니다.

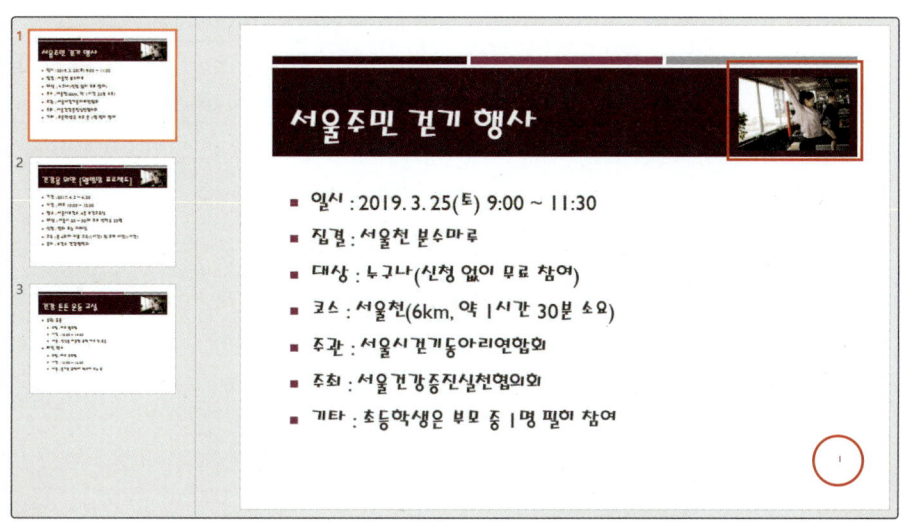

tip [마스터 레이아웃] 그룹 메뉴
- 마스터 레이아웃 : 슬라이드 마스터에 포함할 요소를 선택합니다.
- 개체 틀 삽입 : 모든 종류의 내용을 포함할 수 있는 레이아웃에 개체 틀을 삽입합니다.
- 제목/바닥글 : 제목/바닥글 개체 틀을 표시하거나 숨깁니다.

혼자 풀어보기

1 '신용거래.pptx' 파일을 불러온 후 슬라이드 마스터를 이용하여 원하는 온라인 그림을 슬라이드 오른쪽 하단에 삽입하고 '날짜 및 시간'과 '슬라이드 번호'만 모든 슬라이드에 나타나도록 적용한 다음 '신용거래(완성).pptx' 파일로 저장해 보세요.

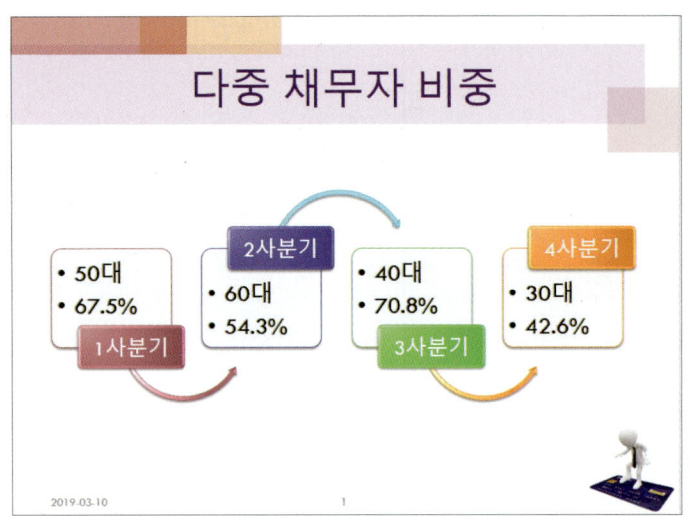

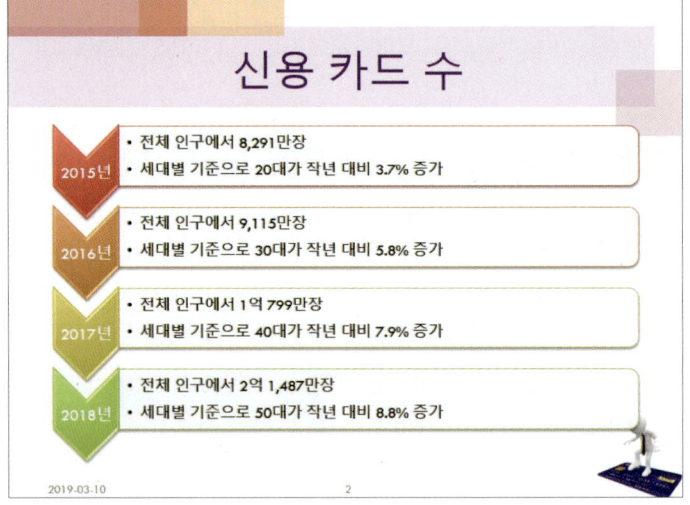

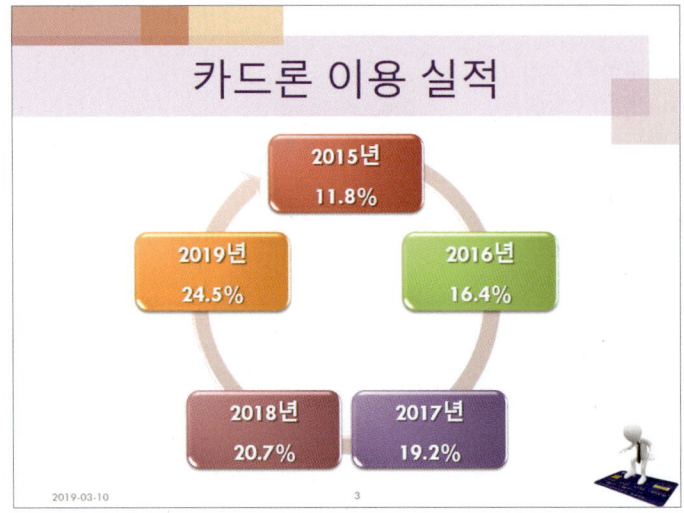

② '바이오.pptx' 파일을 불러온 후 슬라이드 마스터를 이용하여 원하는 온라인 그림을 삽입한 다음 모든 슬라이드에 번호를 삽입해 보세요.

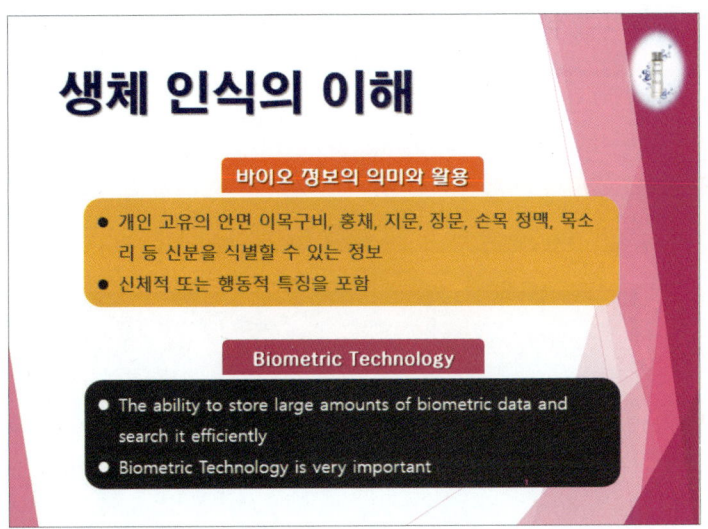

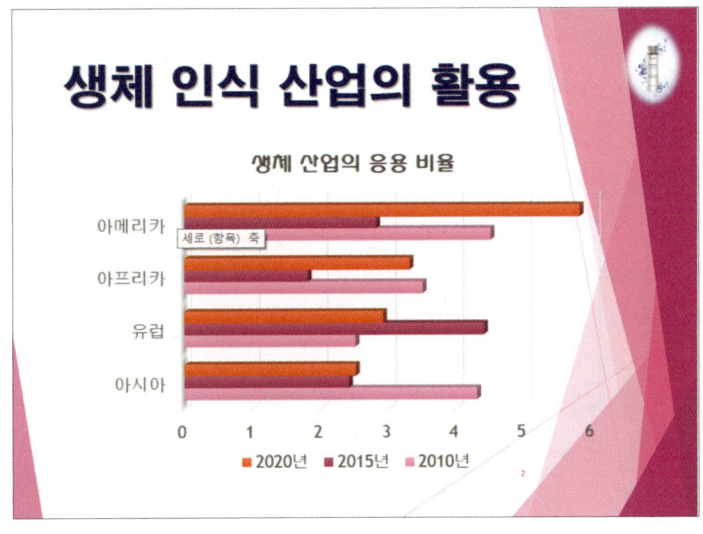

SECTION 14 화면 전환 효과 적용하기

POWERPOINT 2016

화면 전환 효과는 청중들이 프레젠테이션에 집중할 수 있도록 현재 슬라이드에서 다른 슬라이드로 화면이 전환될 때 전체 화면에 애니메이션을 적용하는 기능입니다. 여기에서는 전체 슬라이드에 화면 전환 효과를 지정하는 방법에 대하여 알아봅니다.

1 화면 전환 효과 설정하기

1. '채용.pptx' 파일을 열기한 후 [전환] 탭의 [슬라이드 화면 전환] 그룹에서 자세히() 단추를 클릭하고 [화려한 효과]-[반짝이기]를 선택합니다.

> **tip** 효과 옵션
>
> [전환] 탭의 [슬라이드 화면 전환] 그룹에서 [효과 옵션] 단추를 클릭하면 선택한 전환의 변형(방향 같은 전환 효과의 속성)을 변경할 수 있습니다.

2. [전환] 탭의 [타이밍] 그룹에서 소리는 '북소리', 기간은 '03:00초'로 지정하고 모든 슬라이드에 적용하기 위해서 모두 적용(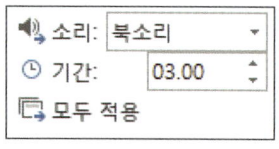) 단추를 클릭합니다.

2 슬라이드 이동 시간 설정하기

1. 첫 번째 슬라이드에서 [전환] 탭의 [타이밍] 그룹에 있는 '다음 시간 후'를 선택한 후 시간을 '30초'로 설정합니다. 그러면 30초가 지났을 때 마우스를 클릭하지 않아도 다음 슬라이드로 자동 전환됩니다.

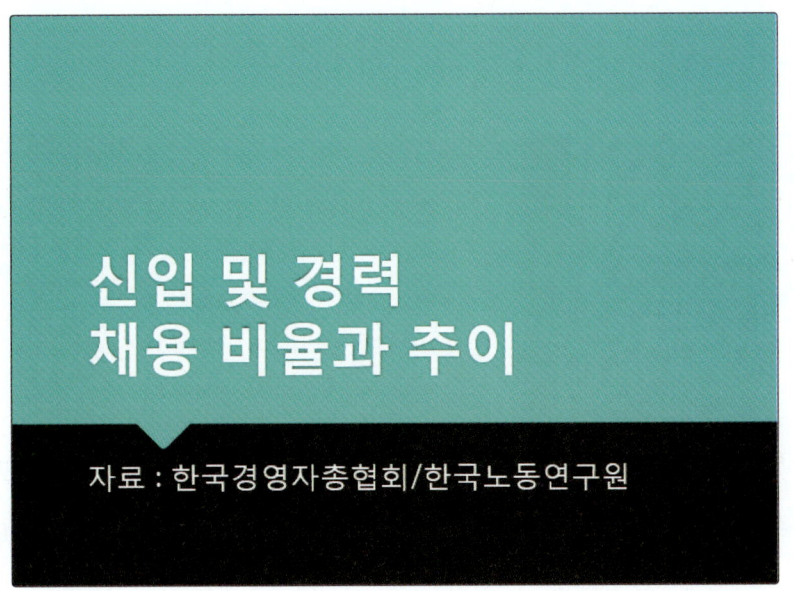

2. 이번에는 슬라이드 2와 슬라이드 3을 동시에 선택한 후 [타이밍] 그룹에 있는 '다음 시간 후'를 선택하고 시간을 '1분'으로 설정합니다. 모든 작업이 완료되면 '채용(완성).pptx' 파일로 저장합니다.

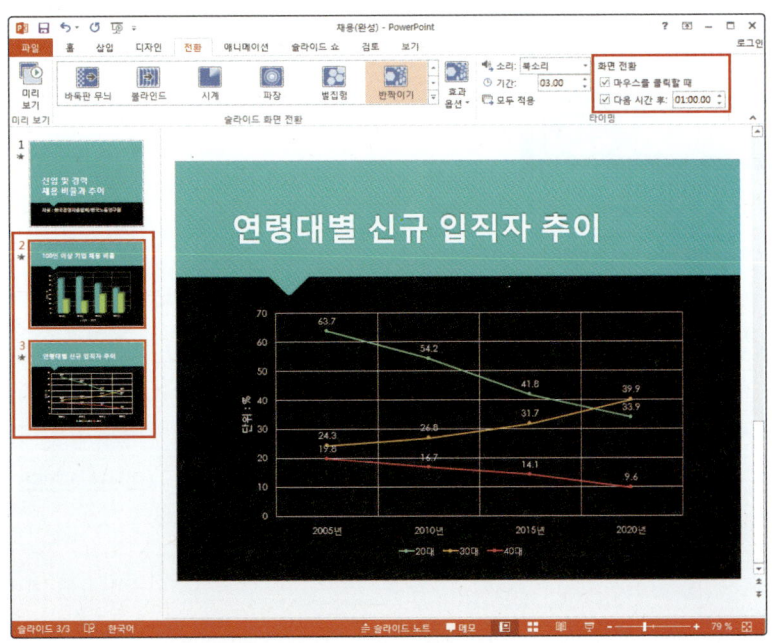

> **tip**
> **미리 보기** : [전환] 탭의 [미리 보기] 그룹에서 미리 보기(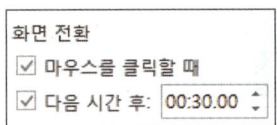) 단추를 클릭하면 현재 슬라이드에 설정된 화면 전환 효과를 미리 확인할 수 있습니다.

혼자 풀어보기

1 '의료현실.pptx' 파일을 불러온 후 화면 전환 효과를 적용해 보세요.

- 슬라이드 1에는 '흩어 뿌리기'와 '미풍' 소리를 적용
- 슬라이드 2에는 '소용돌이 – 오른쪽에서'를 지정하고 '요술봉' 소리를 적용
- 슬라이드 3에는 '조각 – 파편 펼치기'를 지정하고 '폭발' 소리를 적용

2 각 슬라이드마다 화면 전환의 다음 시간을 '10초', '15초', '20초'로 각각 지정하고 '의료현실(완성).pptx' 파일로 저장해 보세요.

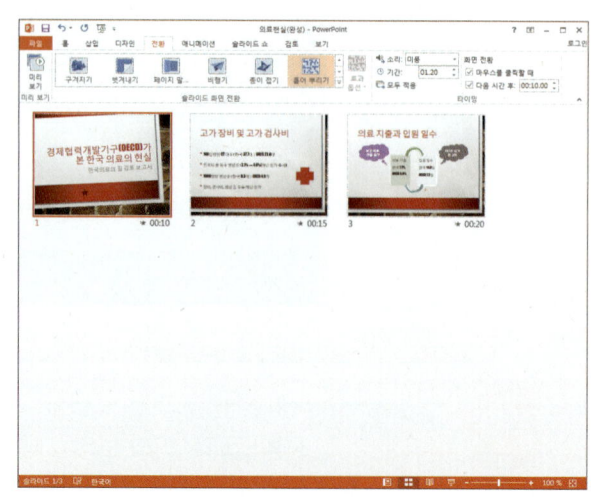

 '순금가격.pptx' 파일을 불러온 후 화면 전환 효과를 적용해 보세요.

- [화려한 효과]의 '상자' 지정
- 효과 옵션을 아래에서부터 올라오도록 지정
- 화면 전환 효과 소리는 '미풍', 기간은 '04.00'으로 설정

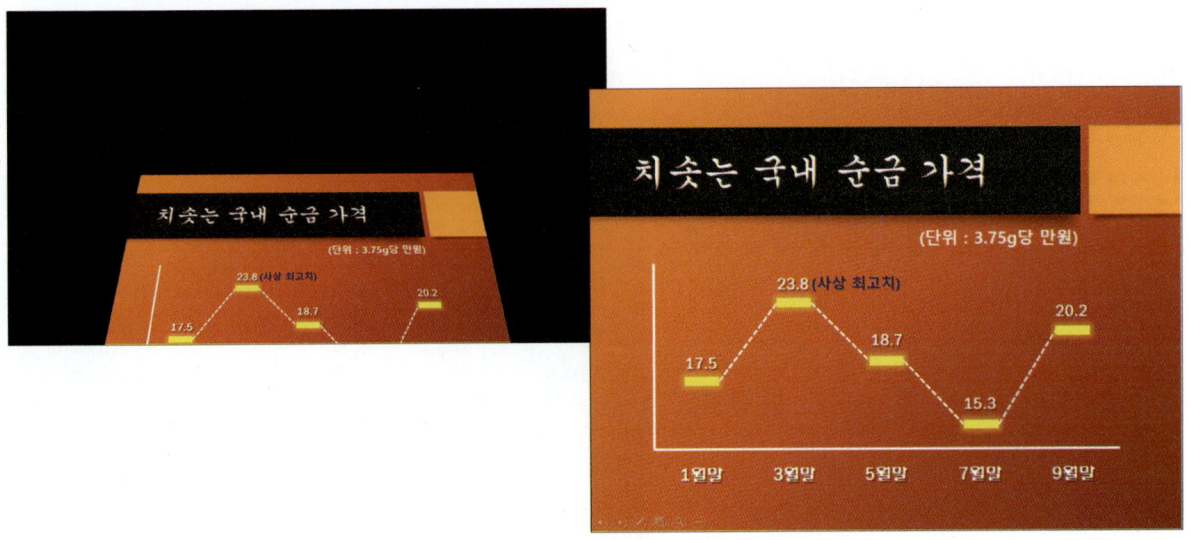

 '교육비.pptx' 파일을 불러온 후 화면 전환 효과를 지정해 보세요.

- [화려한 효과]의 '바둑판 무늬' 지정
- 효과 옵션을 위에서부터 내려오게 지정
- 화면 전환 효과 소리는 '박수', 기간은 '03.00'으로 설정

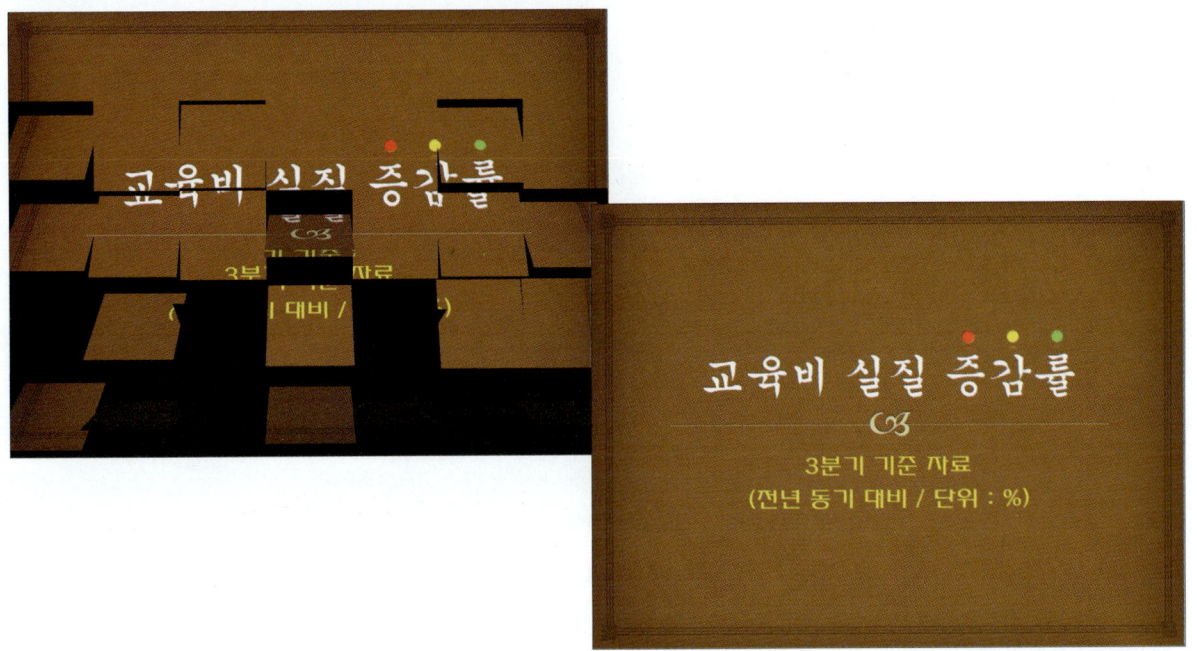

SECTION 15 애니메이션 효과 활용하기

POWERPOINT 2016

애니메이션은 다양한 요소에 움직임과 소리 등의 효과를 적용하여 슬라이드를 보다 생동감 있게 만드는 기능으로 각 개체에 원하는 애니메이션을 지정할 수 있습니다. 여기에서는 일반적인 애니메이션과 고급 애니메이션을 적용하는 방법에 대하여 알아봅니다.

1 일반 애니메이션 적용하기

1. '설정액.pptx' 파일을 불러와서 슬라이드 제목을 선택한 후 [애니메이션] 탭의 [애니메이션] 그룹에서 자세히() 단추를 클릭하고 [나타내기]-[시계 방향 회전]을 선택합니다.

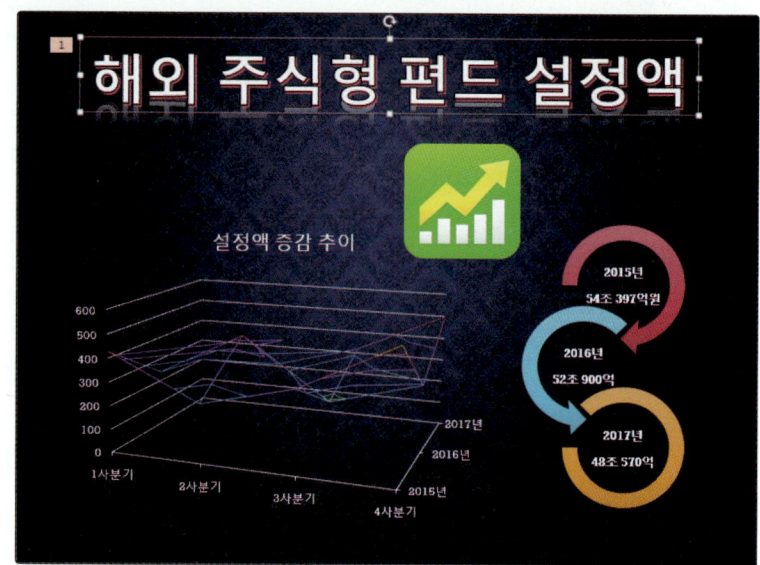

2. 계속해서 [애니메이션] 탭의 [애니메이션] 그룹에서 효과 옵션( ) 단추를 클릭하고 [살 8개]를 선택합니다.

> **tip** 애니메이션 표시
> 슬라이드에 애니메이션을 적용하면 슬라이드 탭에는 애니메이션 표시(★)가 나타납니다.

3. 이번에는 [애니메이션] 탭의 [타이밍] 그룹에서 시작은 '클릭할 때', 재생 시간은 '3초'를 각각 지정합니다.

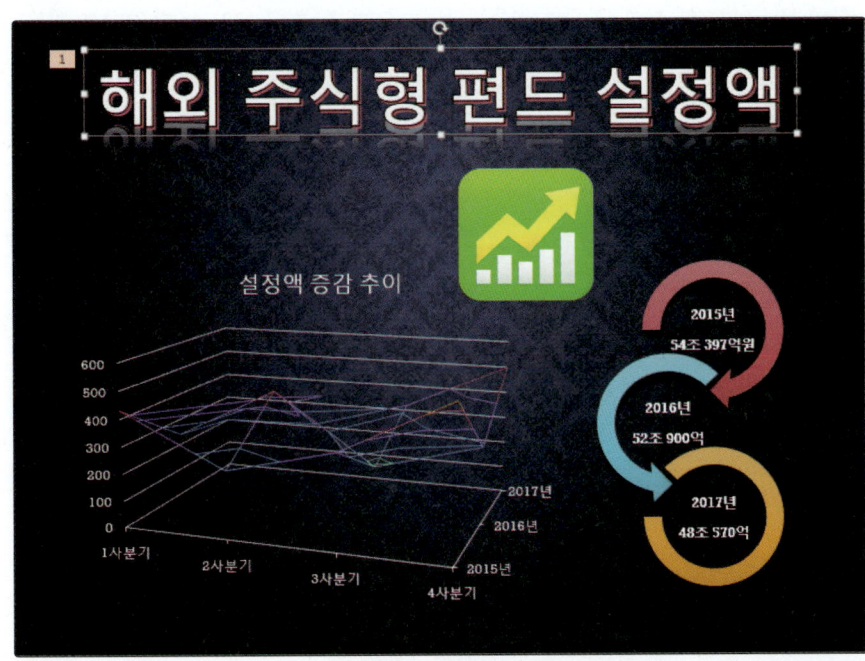

tip **시작과 재생 시간**
- 시작 : 애니메이션의 재생 시작 시점(클릭할 때, 이전 효과와 함께, 이전 효과 다음에)을 선택합니다.
- 재생 시간 : 애니메이션의 길이(시간)를 지정합니다.

4. 제목 애니메이션 효과를 확인하기 위하여 [애니메이션] 탭의 [미리 보기] 그룹에서 미리 보기(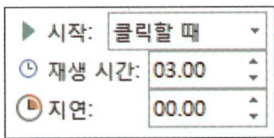) 단추를 클릭하여 실행 과정을 봅니다.

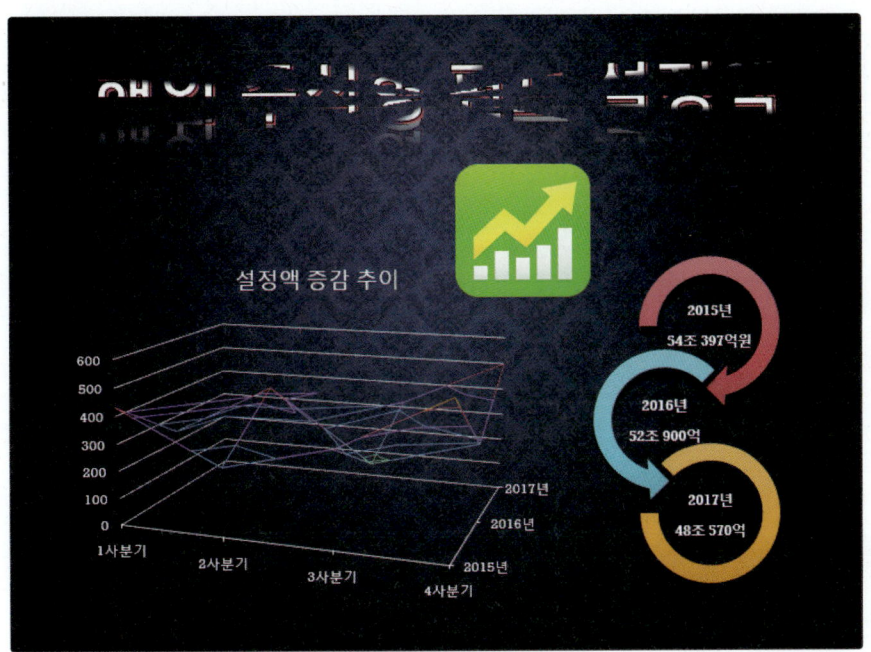

2 고급 애니메이션 적용하기

1. 슬라이드에서 차트를 선택한 후 [애니메이션] 탭의 [고급 애니메이션] 그룹에서 애니메이션 추가( ) 단추를 클릭하고 [추가 나타내기 효과]를 선택합니다. [나타내기 효과 추가] 대화 상자에서 [화려한 효과]-[바람개비]를 선택하고 [확인] 단추를 클릭합니다.

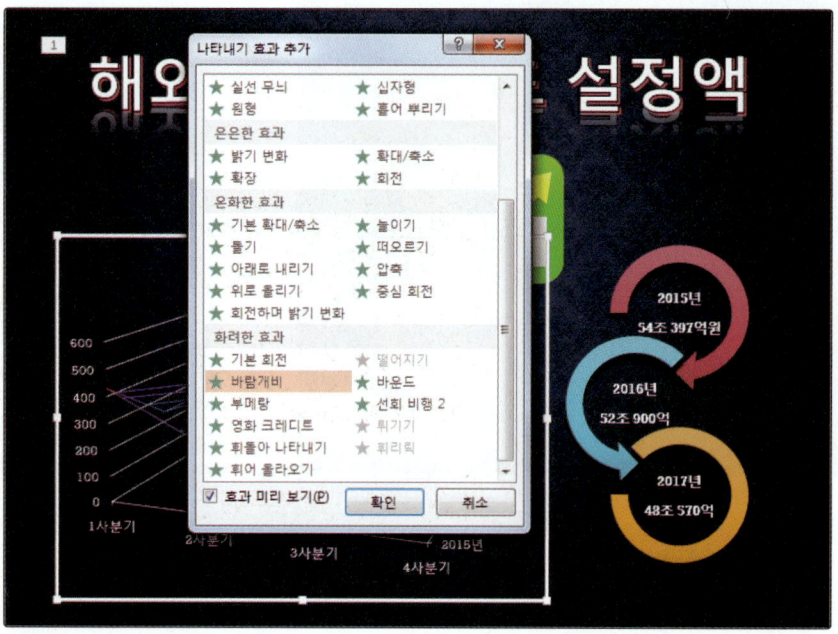

> **tip**
> **애니메이션 추가 :** 선택한 개체에 추가할 애니메이션 효과를 지정하는 것으로 새로운 애니메이션은 기존 애니메이션 다음에 적용됩니다.

2. 슬라이드에서 SmartArt를 선택한 후 [애니메이션] 탭의 [고급 애니메이션] 그룹에서 애니메이션 추가( ) 단추를 클릭하고 [추가 강조하기 효과]를 선택합니다. [강조하기 효과 추가] 대화 상자에서 [은은한 효과]-[펄스]를 선택하고 [확인] 단추를 클릭합니다.

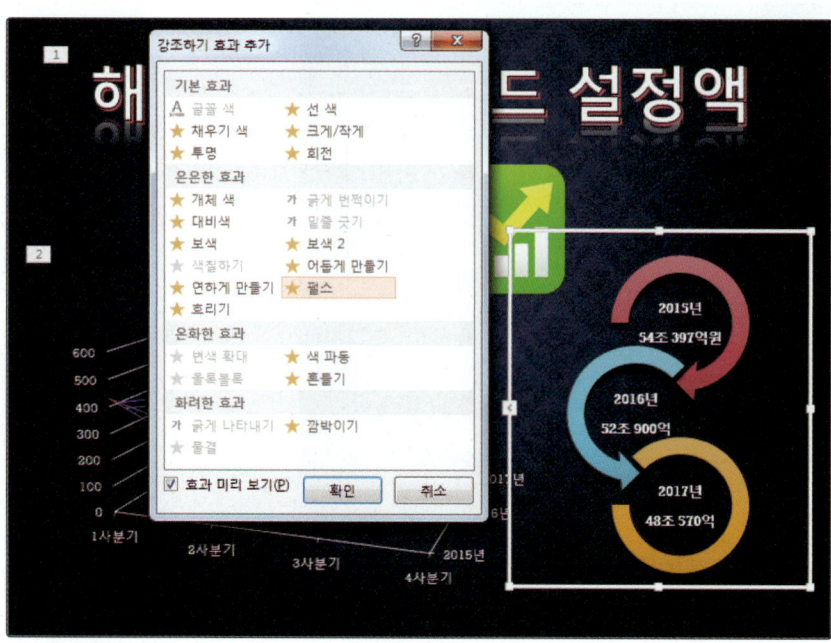

3. 슬라이드에서 온라인 그림을 선택한 후 [애니메이션] 탭의 [고급 애니메이션] 그룹에서 애니메이션 추가( ) 단추를 클릭하고 [추가 끝내기 효과]를 선택합니다. [끝내기 효과 추가] 대화 상자에서 [기본 효과]-[바둑판 무늬]를 선택하고 [확인] 단추를 클릭합니다.

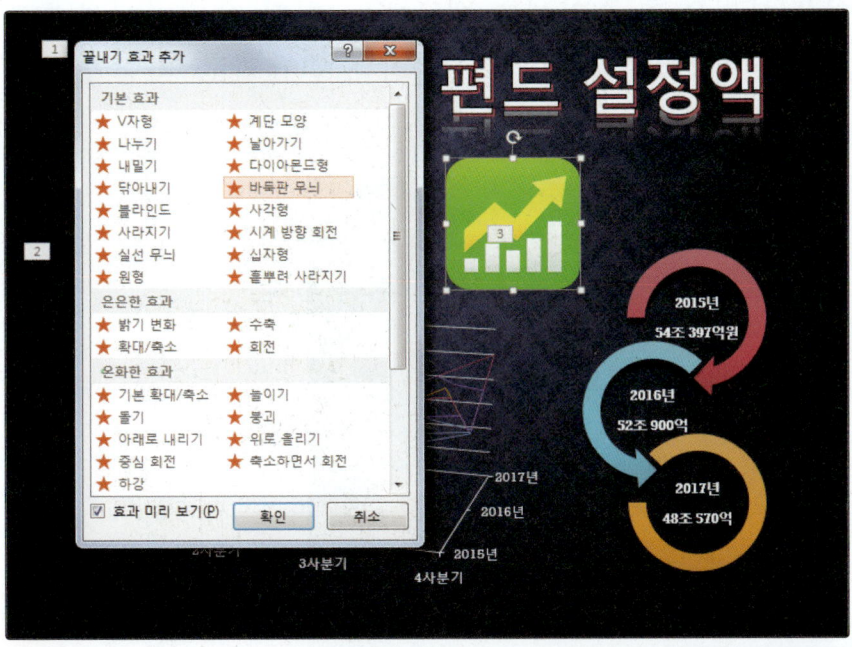

tip

애니메이션 숫자 태그
- 슬라이드에 여러 애니메이션이 설정되면 각 개체의 왼쪽 부분에 숫자 태그(1 , 2 …)가 표시되어 애니메이션이 실행되는 순서를 나타냅니다.
- 해당 숫자 태그를 클릭하면 지정된 애니메이션을 수정할 수 있습니다.

4. 지금까지 설정한 애니메이션 효과를 확인하기 위하여 [애니메이션] 탭의 [미리 보기] 그룹에서 미리 보기( ) 단추를 클릭합니다. 모든 작업이 완료되면 '설정액(완성).pptx' 파일로 저장합니다.

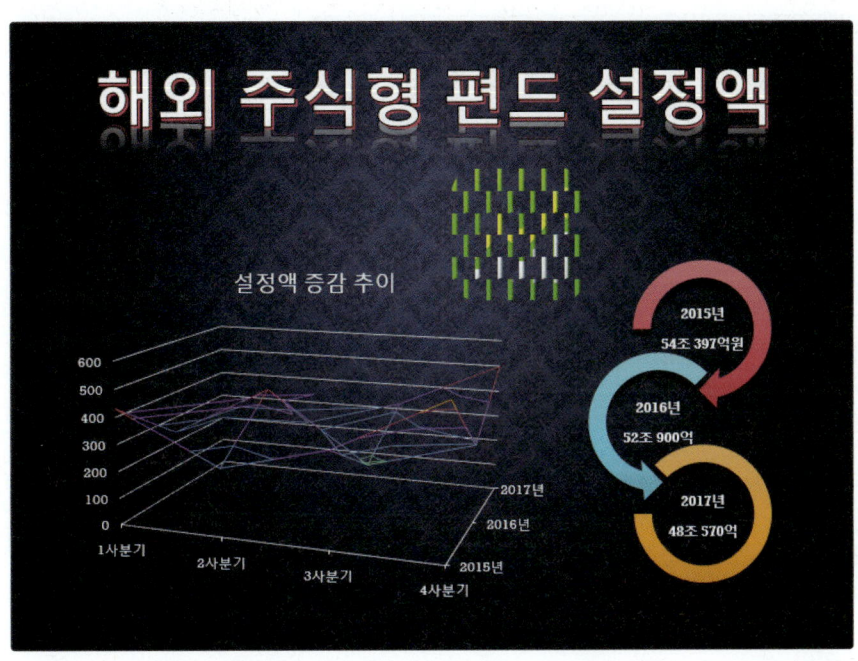

혼자 풀어보기

① '발전원.pptx' 파일을 불러온 후 슬라이드 제목에는 '회전' 애니메이션 효과를 적용하고, SmartArt에는 애니메이션의 추가 나타내기 효과로 '바람개비'를 적용해 보세요.

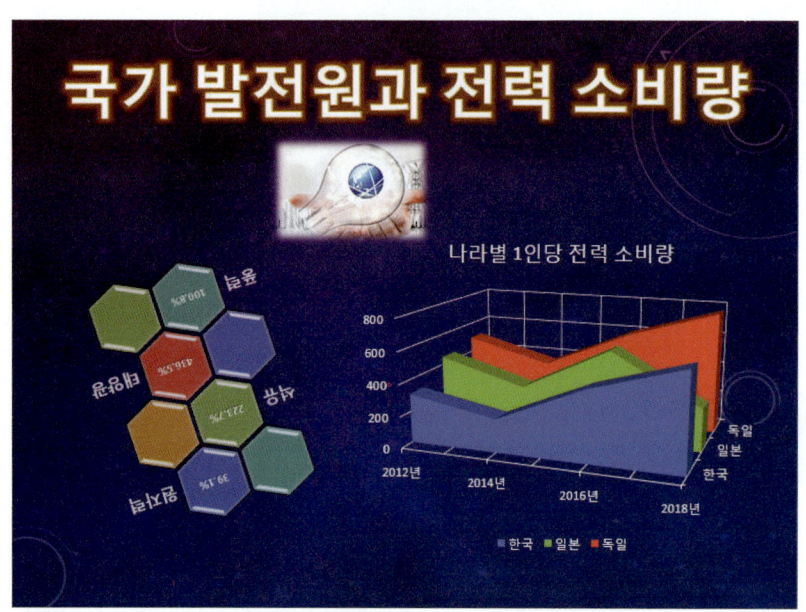

HINT 해당 개체를 선택한 후 [애니메이션] 탭의 [고급 애니메이션] 그룹에서 [애니메이션 추가] 단추를 클릭하여 설정합니다.

② 슬라이드의 차트에는 애니메이션의 추가 강조하기 효과로 '크게/작게'를 적용하고, 그림에는 애니메이션의 추가 끝내기 효과로 '십자형'을 적용하여 '발전원(완성).pptx' 파일로 저장해 보세요.

③ '기본권.pptx' 파일을 불러온 후 실선 무늬의 화면 전환 효과를 지정하고, 제목 상자가 180도 회전되도록 애니메이션 효과 옵션을 적용해 보세요.

④ '브라우저.pptx' 파일을 불러온 후 다음과 같은 애니메이션 효과를 적용해 보세요.

- 애니메이션 추가 나타내기 효과 : 십자형
- 애니메이션 추가 강조하기 효과 : 회전
- 애니메이션 추가 끝내기 효과 : 바람개비

Section 15 애니메이션 효과 활용하기 **83**

SECTION 16 슬라이드 쇼 보기

POWERPOINT 2016

여러 슬라이드에 대한 구성이 마무리된 후 청중들에게 슬라이드 쇼를 이용하여 슬라이드의 전체 화면을 차례대로 보여줍니다. 슬라이드 쇼를 진행하는 중에는 필요에 따라 다양한 주석 기능을 사용할 수 있습니다. 여기에서는 슬라이드 쇼와 함께 주석을 사용하는 방법에 대해서 알아봅니다.

1 슬라이드 쇼 보기

1. '바이오.pptx' 파일을 불러온 후 [슬라이드 쇼] 탭의 [슬라이드 쇼 시작] 그룹에서 처음부터( ) 단추를 클릭합니다.

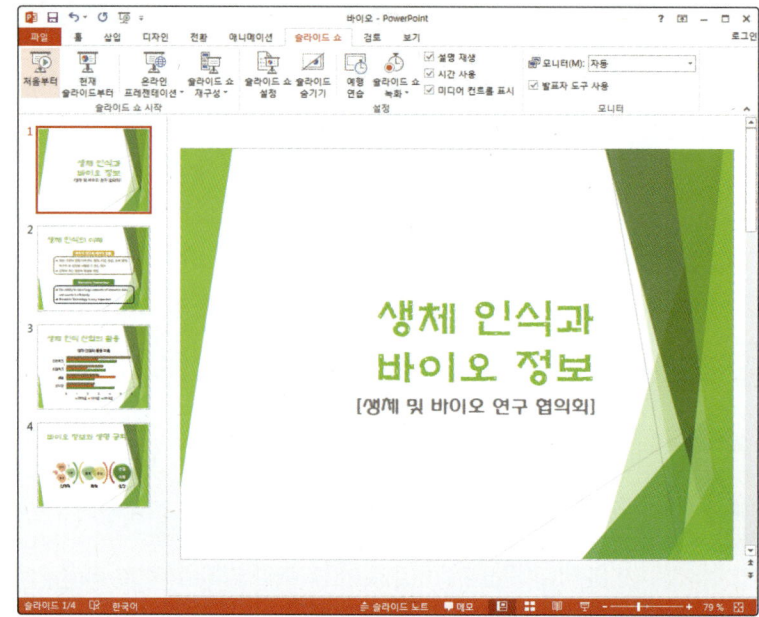

> **tip** 슬라이드 쇼 바로 실행하기 : 상태 표시줄의 보기 단추 중 슬라이드 쇼(🖵) 단추를 클릭하거나 F5 키를 누르면 슬라이드 쇼를 바로 실행할 수 있습니다.

2. '슬라이드 1'부터 슬라이드 쇼가 실행되고 마우스로 화면을 클릭하거나 Enter 키를 누르면 다음 슬라이드로 넘어갑니다.

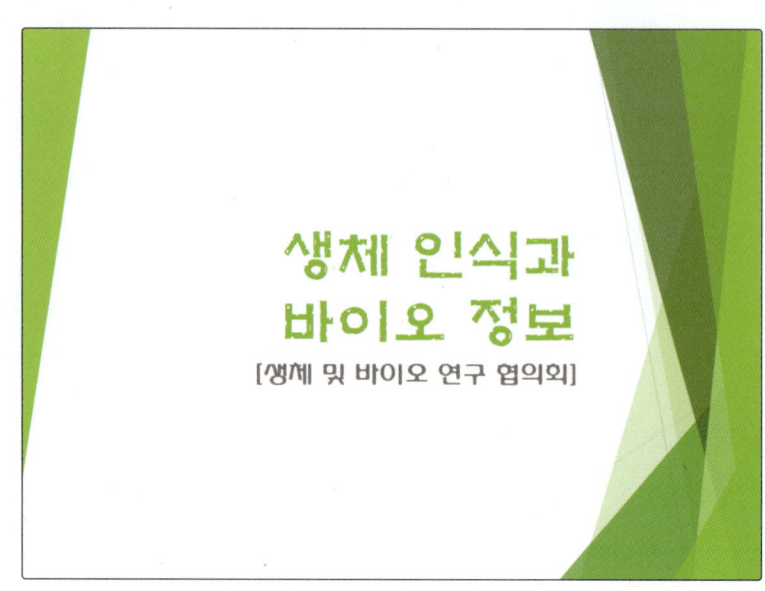

3. 슬라이드 쇼에서 특정 부분을 확대하려면 슬라이드 하단에 있는 슬라이드 확대(🔍) 아이콘을 클릭하고 원하는 부분을 선택하면 됩니다.

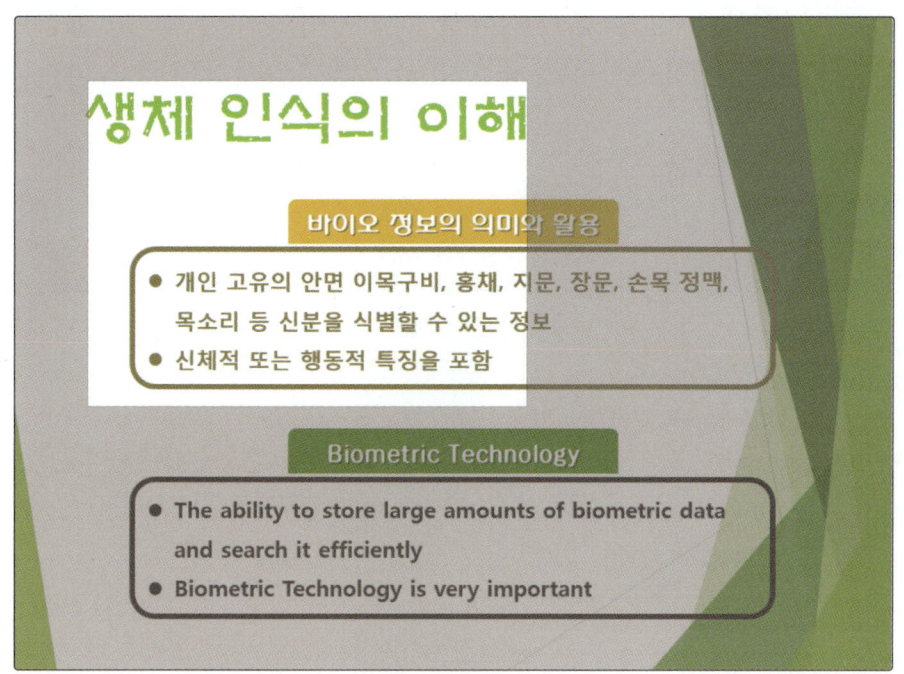

> **tip** **슬라이드 쇼 끝내기 :** 슬라이드 쇼 중간에 슬라이드 쇼를 끝내려면 마우스 오른쪽 버튼을 누르고 [쇼 마침]을 선택하거나 `Esc` 키를 누릅니다.

4. 마지막 슬라이드까지 이동한 후 슬라이드 쇼를 종료하려면 마우스를 클릭하거나 `Esc` 키 또는 `Enter` 키를 누릅니다.

2 슬라이드에 주석 사용하기

1. 슬라이드 쇼가 실행되는 도중에 다양한 편집 기능을 이용하여 주석을 달 수 있습니다. 슬라이드 2에서 주석을 표시하려면 마우스 오른쪽 버튼을 클릭하고 [포인터 옵션]-[형광펜]을 선택합니다.

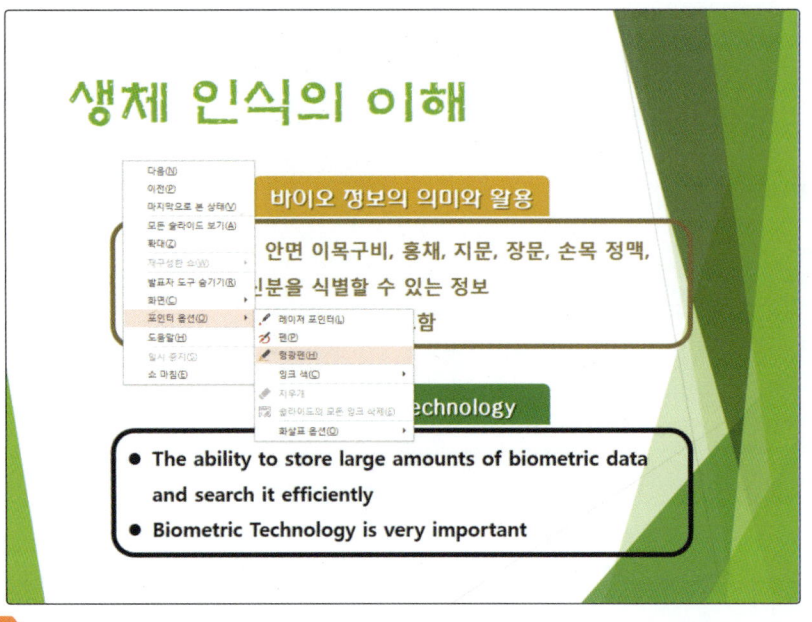

> **tip**
> **잉크 색** : [포인터 옵션]-[잉크 색]을 선택하면 원하는 색상을 선택할 수 있습니다.

2. 마우스 포인터가 변경되면 원하는 부분에서 마우스를 드래그하여 형광펜을 지정합니다.

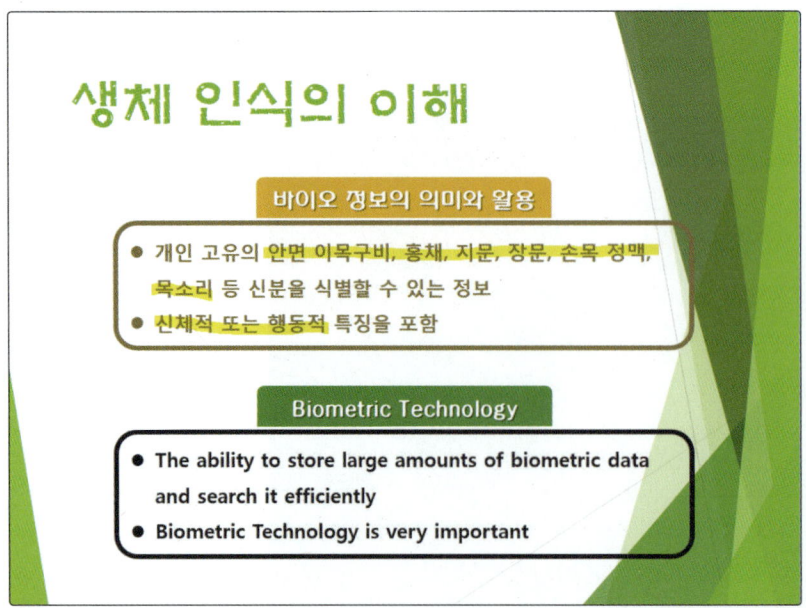

> **tip**
> **지우개**
> [포인터 옵션]-[지우개]를 선택하고 형광펜의 주석 부분을 마우스로 다시 드래그하면 주석이 지워집니다.

3. 동일한 방법으로 슬라이드 3에서는 [포인터 옵션]-[펜]을 선택하고 해당 부분에 주석 표시를 합니다.

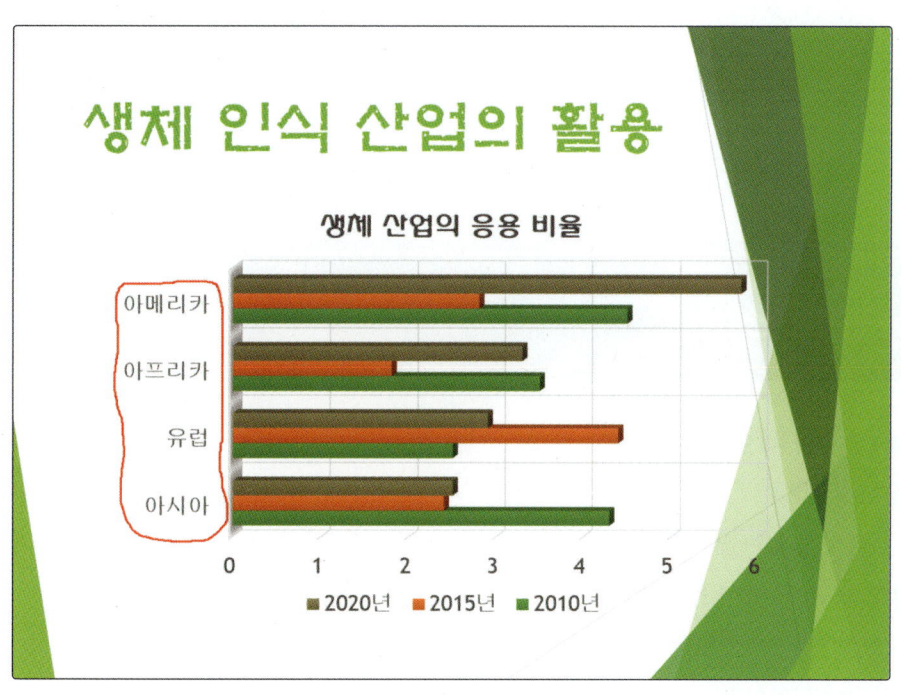

4. 슬라이드 쇼가 종료되면 잉크 주석을 유지할지를 묻는 대화 상자가 나타납니다. 잉크 주석을 유지하려면 [예] 단추를 클릭합니다.

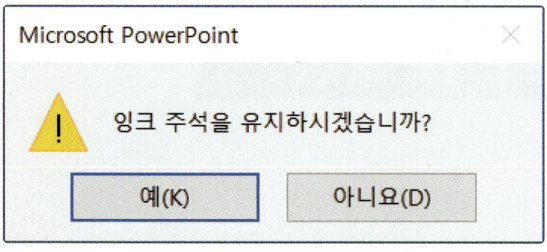

> **tip** **슬라이드 쇼 아이콘 메뉴**
> - 포인터 도구 : 레이저 포인터, 펜, 형광펜, 지우개 등을 선택합니다.
> - 모든 슬라이드 보기 : 슬라이드 쇼 화면에서 모든 슬라이드를 보기합니다.
> - 슬라이드 확대 : 슬라이드의 특정 부분을 확대합니다.
> - 슬라이드 쇼 옵션 더 보기 : 쇼 재구성, 화면, 표시 설정, 화살표 옵션, 쇼 마침 등을 선택합니다.

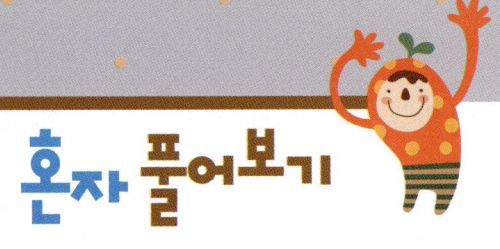

혼자 풀어보기

1 '건강.pptx' 파일을 불러온 후 슬라이드 쇼를 처음부터 진행해 보세요.

서울주민 걷기 행사

- 일시 : 2019. 3. 25(토) 9:00 ~ 11:30
- 집결 : 서울천 분수마루
- 대상 : 누구나(신청 없이 무료 참여)
- 코스 : 서울천(6km, 약 1시간 30분 소요)
- 주관 : 서울시걷기동아리연합회
- 주최 : 서울건강증진실천협의회
- 기타 : 초등학생은 부모 중 1명 필히 참여

2 슬라이드 쇼 진행 시 슬라이드 2에서 해당 부분에는 형광펜으로 주석을 표시해 보세요.

건강을 위한 [웰빙맘 프로젝트]

- 기간 : 2019. 4. 3 ~ 4. 28
- 시간 : 매주 10:00 ~ 12:00
- 장소 : <mark>서울시보건소 4층 보건교육실</mark>
- 대상 : 서울시 20 ~ 50대 주부 선착순 30명
- 신청 : <mark>전화 또는 이메일</mark>
- 교육 : 총 4회차 이론 교육(1시간) 및 조리 시연(1시간)
- 문의 : 보건소 건강정책과

POWERPOINT 2016

 슬라이드 쇼 진행 시 슬라이드 3에서 해당 부분에는 펜으로 주석을 표시해 보세요.

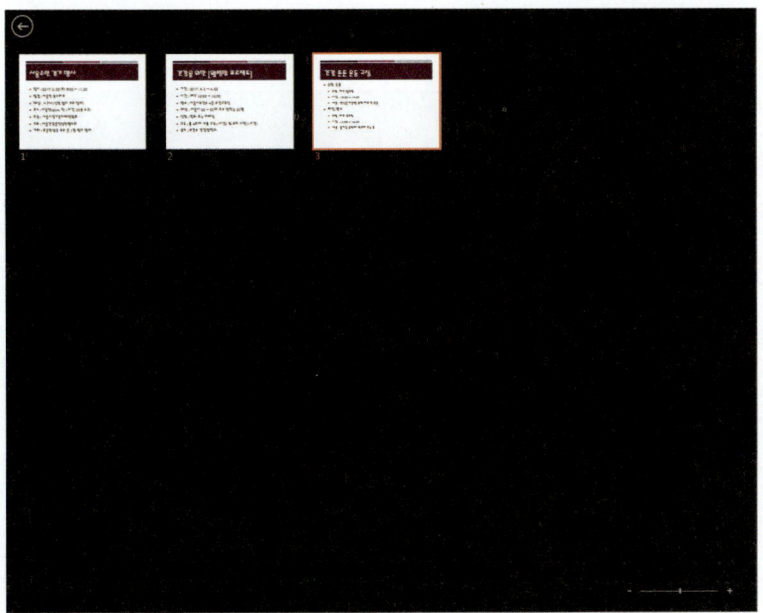

 슬라이드 쇼의 주석을 모두 삭제한 후 모든 슬라이드를 슬라이드 쇼에서 확인해 보세요.

HINT [포인터 도구]-[지우개]를 이용하여 모든 주석을 삭제한 후 슬라이드 쇼 아이콘에서 [모든 슬라이드 보기]를 클릭합니다.

Section 16 슬라이드 쇼 보기 **89**

SECTION 17 비디오와 소리 삽입하기

POWERPOINT 2016

슬라이드 쇼를 진행할 때 그림(사진)이나 소리를 통한 전달 표현이 부족할 경우 생생하게 움직이는 동영상을 통해서 보다 효율적으로 내용을 전달할 수 있습니다. 여기에서는 온라인 비디오와 소리를 삽입하여 편집한 후 재생하는 방법에 대하여 알아봅니다.

1 온라인 비디오 삽입하기

1. '구급활동.pptx' 파일을 불러온 후 [삽입] 탭의 [미디어] 그룹에서 비디오() 단추를 클릭하고 [온라인 비디오]를 선택합니다. 비디오 삽입 창의 YouTube 검색란에 '소방헬기'를 입력하여 검색한 후 원하는 비디오를 선택하고 [삽입] 단추를 클릭합니다.

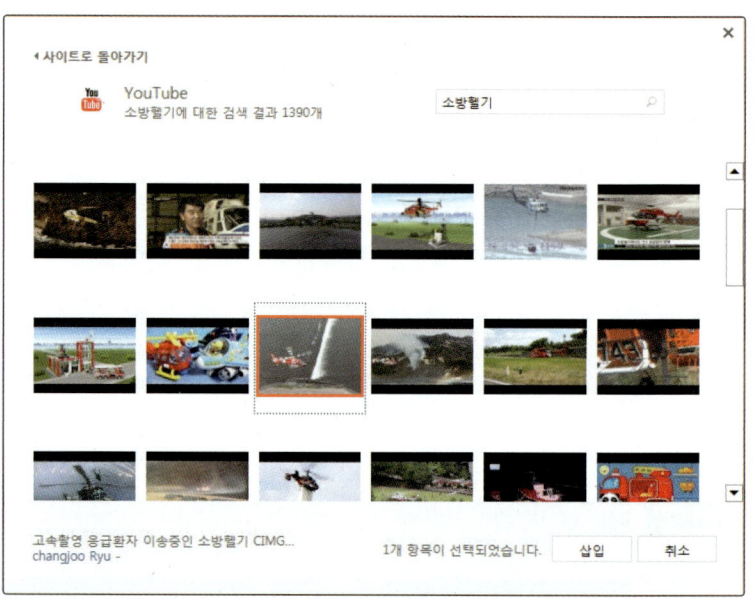

2. 슬라이드에 온라인 비디오가 삽입되면 크기와 위치를 적당히 조절한 후 [비디오 도구]-[서식] 탭의 [비디오 스타일] 그룹에서 비디오 셰이프(비디오 셰이프 ▼) 단추를 클릭하고 [사각형]-[모서리가 둥근 직사각형]을 선택합니다.

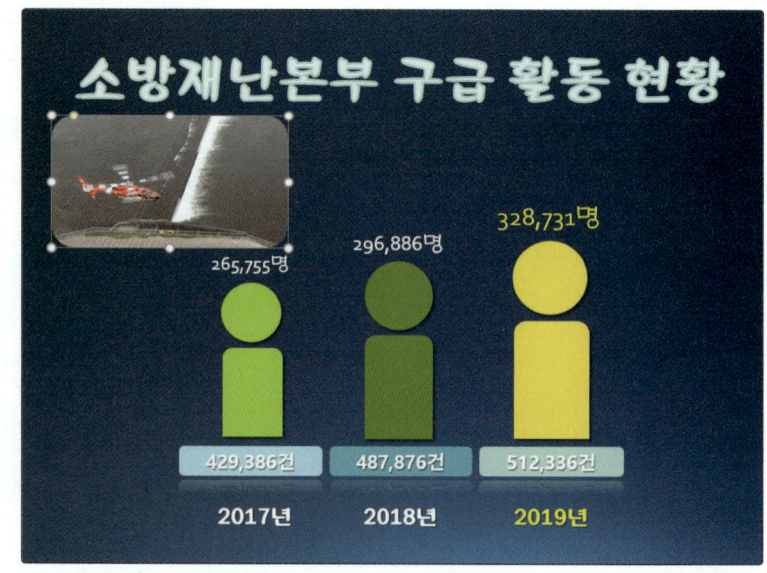

tip 비디오 상태
현재 슬라이드에서 비디오 파일과 온라인 비디오는 정지된 상태로 나타납니다.

3. 계속해서 [비디오 도구]-[재생] 탭의 [비디오 옵션] 그룹에서 시작의 목록(▼) 단추를 클릭하고 [자동 실행]을 선택합니다.

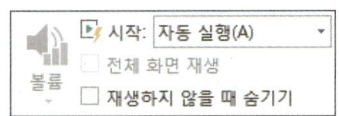

> **tip** 비디오 재생
> 현재 슬라이드 상태에서 비디오를 바로 재생하려면 [비디오 도구]-[재생] 탭의 [미리 보기] 그룹에서 재생(▶) 단추를 클릭합니다.

4. 온라인 비디오를 실행하기 위하여 [슬라이드 쇼] 탭의 [슬라이드 쇼 시작] 그룹에서 현재 슬라이드부터(📄) 단추를 클릭합니다. 그러면 슬라이드 쇼가 실행되면서 설정한 비디오가 재생됩니다.

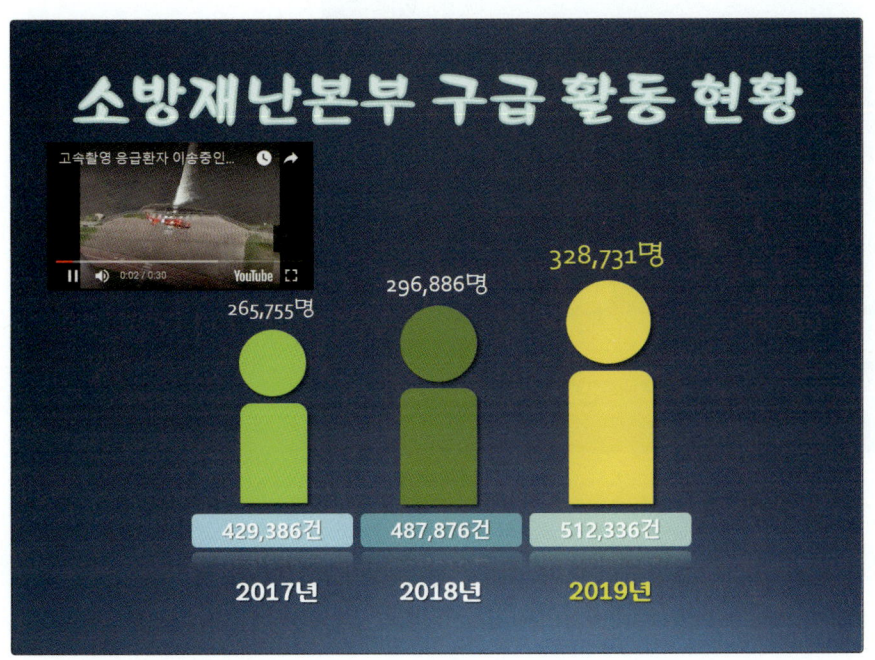

Section 17 비디오와 소리 삽입하기 **91**

2 온라인 그림에 소리 삽입하기

1. [삽입] 탭의 [이미지] 그룹에서 온라인 그림( ) 단추를 클릭합니다. 그림 삽입 창의 Bing 검색란에 '구급'을 입력하여 검색한 후 원하는 그림을 선택하고 [삽입] 단추를 클릭합니다.

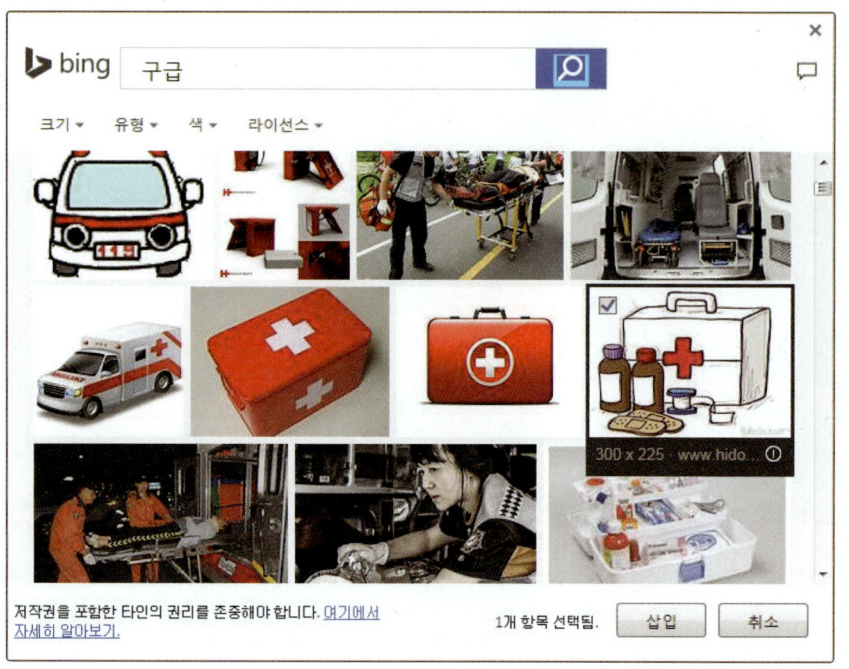

2. 슬라이드에 온라인 그림이 삽입되면 크기와 위치를 적당히 조절한 후 [삽입] 탭의 [링크] 그룹에서 실행( ) 단추를 클릭합니다.

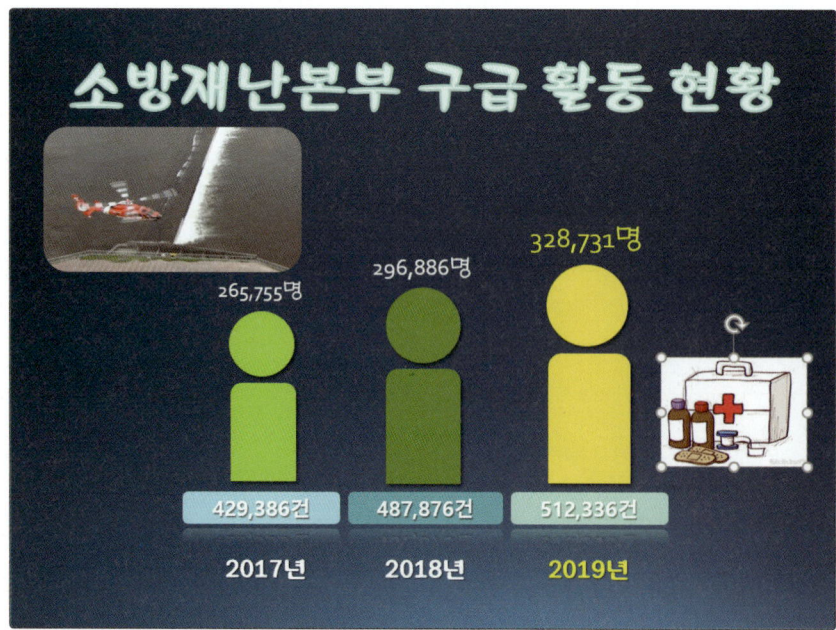

> **tip**
> **[실행] 단추의 기능**
> 개체를 클릭하거나 개체 위에 마우스를 올려놓을 때 실행되는 동작을 선택한 개체에 추가하는 기능으로 슬라이드를 이동하거나 새로운 프로그램을 열 수 있습니다.

3. [실행 설정] 대화 상자의 [마우스를 클릭할 때] 탭에서 '소리 재생'과 목록(▼) 단추를 클릭하여 '레이저'를 선택한 후 [확인] 단추를 클릭합니다.

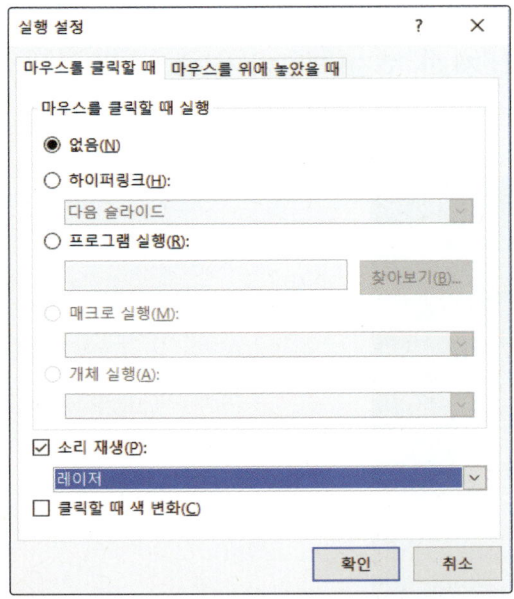

> **tip** **[마우스를 클릭할 때] 탭**
> 온라인 그림이나 삽입한 그림 등의 개체에 소리를 지정한 후 슬라이드 쇼를 진행할 때 해당 개체를 마우스로 클릭하면 소리가 재생됩니다.

4. [슬라이드 쇼] 탭의 [슬라이드 쇼 시작] 그룹에서 현재 슬라이드부터(🖥) 단추를 클릭한 후 온라인 그림을 마우스로 클릭하면 설정한 소리를 확인할 수 있습니다.

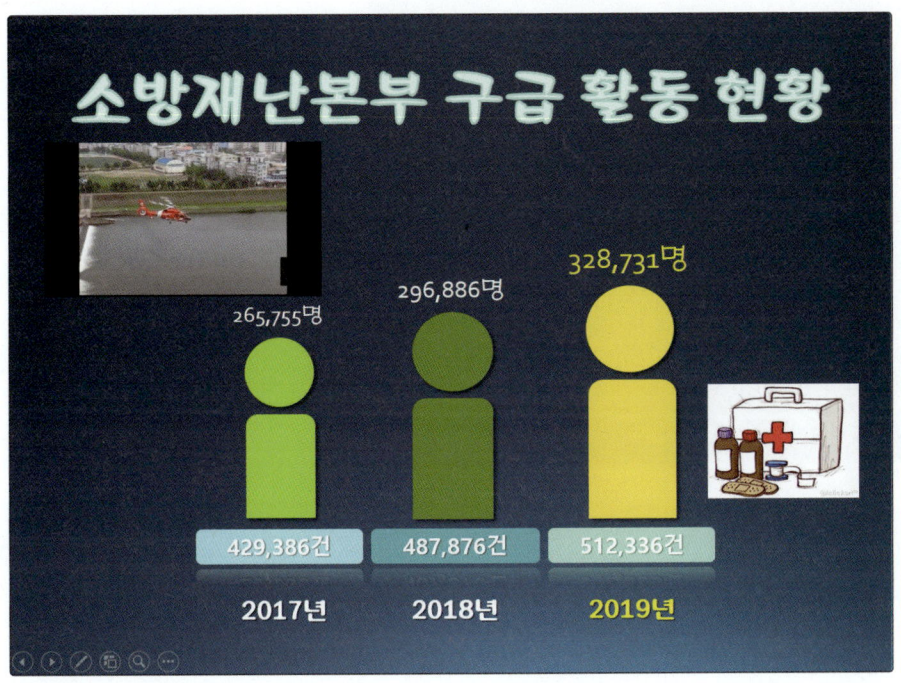

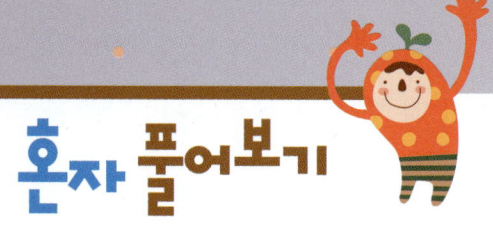

혼자 풀어보기

1 '한국부모.pptx' 파일을 불러온 후 화면 전환 효과로 '파장'을 모두 적용해 보세요.

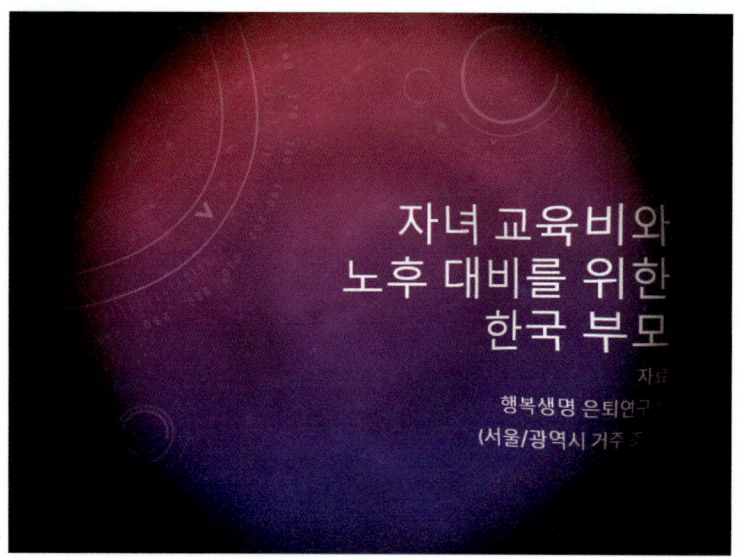

 [전환] 탭의 [슬라이드 화면 전환] 그룹에서 화려한 효과의 '파장'을 선택한 후 [타이밍] 그룹에 있는 [모두 적용] 단추를 클릭합니다.

2 슬라이드 1에는 온라인 비디오(교육)를 삽입하되 비디오 모양을 '배지'로 지정해 보세요.

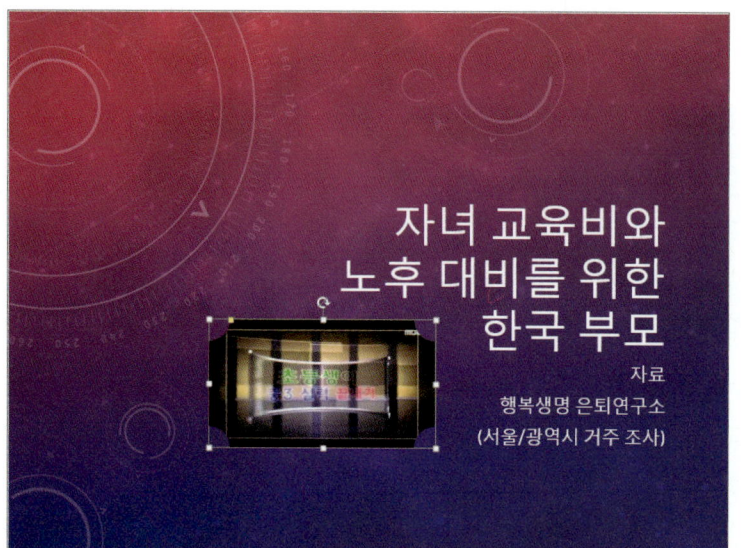

 온라인 비디오가 삽입되면 [비디오 도구]-[서식] 탭의 [비디오 스타일] 그룹에서 [비디오 셰이프] 단추를 이용합니다.

③ 슬라이드 2에는 온라인 그림(교육)을 삽입하고 마우스를 클릭할 때 북소리가 나도록 설정해 보세요.

 [실행 설정] 대화 상자의 [마우스를 클릭할 때] 탭에서 소리를 지정합니다.

④ 슬라이드 쇼를 진행한 후 온라인 비디오와 온라인 그림의 소리를 확인하고 '한국 부모(완성).pptx' 파일로 저장해 보세요.

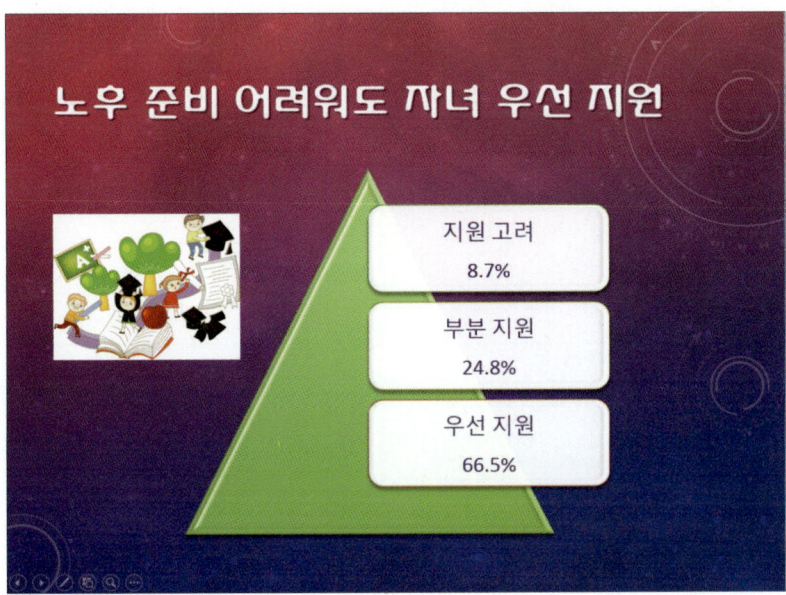

SECTION 18 하이퍼링크와 실행 단추 적용하기

POWERPOINT 2016

하이퍼링크와 실행 단추는 슬라이드 쇼를 진행하면서 다른 슬라이드로 바로 이동할 수 있는 기능입니다. 여기에서는 특정 슬라이드에 하이퍼링크와 실행 단추를 설정하고 슬라이드 쇼에서 확인하는 방법에 대하여 알아봅니다.

1 하이퍼링크 설정하기

1. '세금.pptx' 파일을 불러온 후 슬라이드 2에서 네 번째 목차에 있는 내용을 마우스로 드래그하여 블록 지정한 다음 [삽입] 탭의 [링크] 그룹에서 하이퍼링크( ) 단추를 클릭합니다.

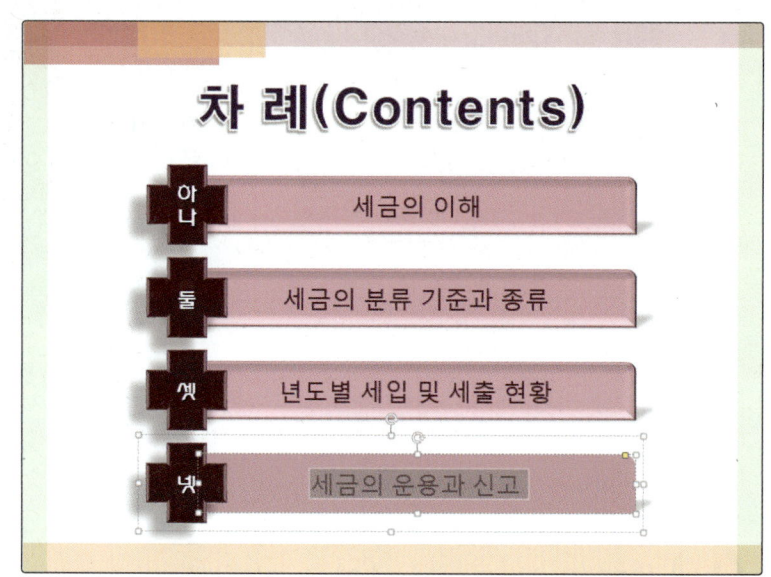

> **tip** 하이퍼링크
> 같은 프레젠테이션에서 다른 슬라이드에 연결하거나 다른 프레젠테이션에서 슬라이드, 전자 메일 주소, 웹 페이지, 파일 등에 연결하는 기능입니다.

2. [하이퍼링크 삽입] 대화 상자가 나타나면 연결 대상은 '현재 문서', 이 문서에서 위치 선택은 '슬라이드 6'으로 선택한 후 [확인] 단추를 클릭합니다.

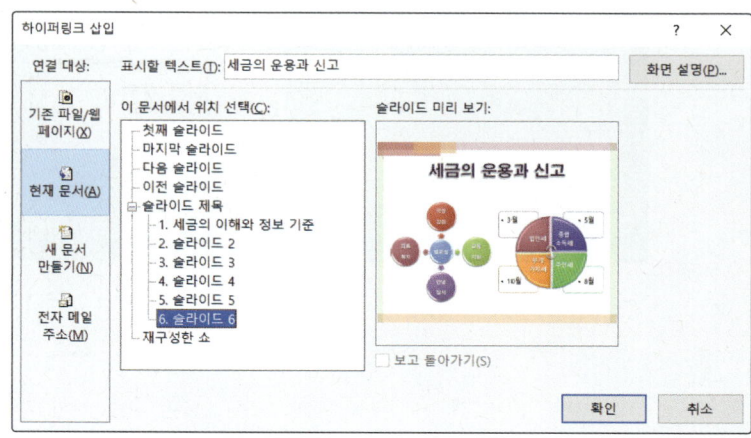

3. 하이퍼링크를 확인하기 위하여 [슬라이드 쇼] 탭의 [슬라이드 쇼 시작] 그룹에서 현재 슬라이드부터( ) 단추를 클릭합니다. 슬라이드 쇼가 실행되면 하이퍼링크가 설정된 텍스트 부분을 마우스로 클릭합니다.

> **tip** 하이퍼링크 설정
> 하이퍼링크가 설정된 텍스트에는 변경된 글꼴 색과 밑줄이 표시되어 나타납니다.

4. 그 결과 하이퍼링크가 설정된 '슬라이드 6'으로 이동되는 것을 확인할 수 있습니다. 슬라이드 쇼를 종료하기 위해 Esc 키를 누릅니다.

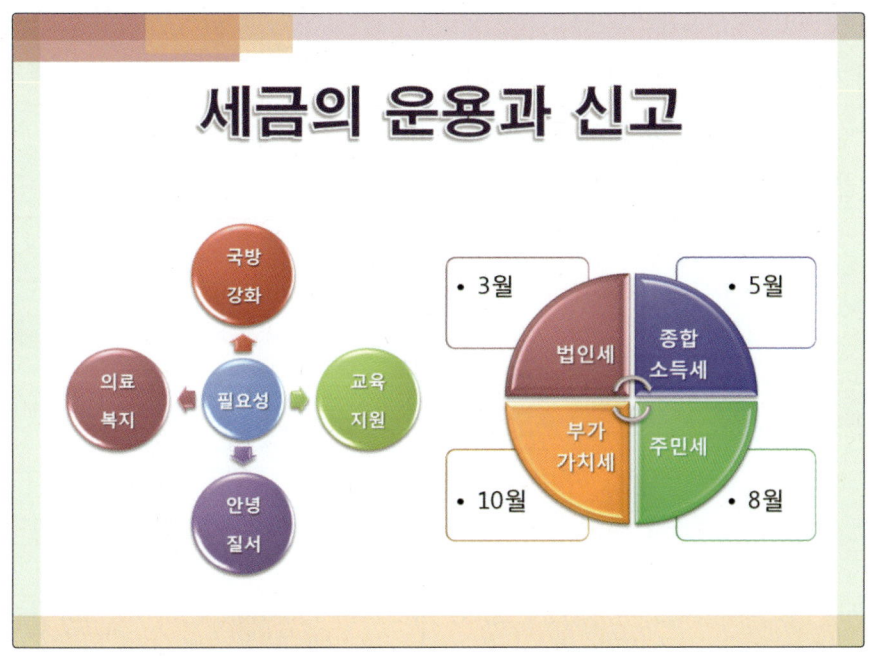

2 실행 단추 설정하기

1. 슬라이드 3으로 이동한 후 [삽입] 탭의 [일러스트레이션] 그룹에서 도형( ) 단추를 클릭하고 [실행 단추]-[실행 단추: 홈]을 선택합니다. 마우스 포인터가 '+' 모양으로 변경되면 슬라이드에 적당한 크기로 드래그하여 삽입합니다.

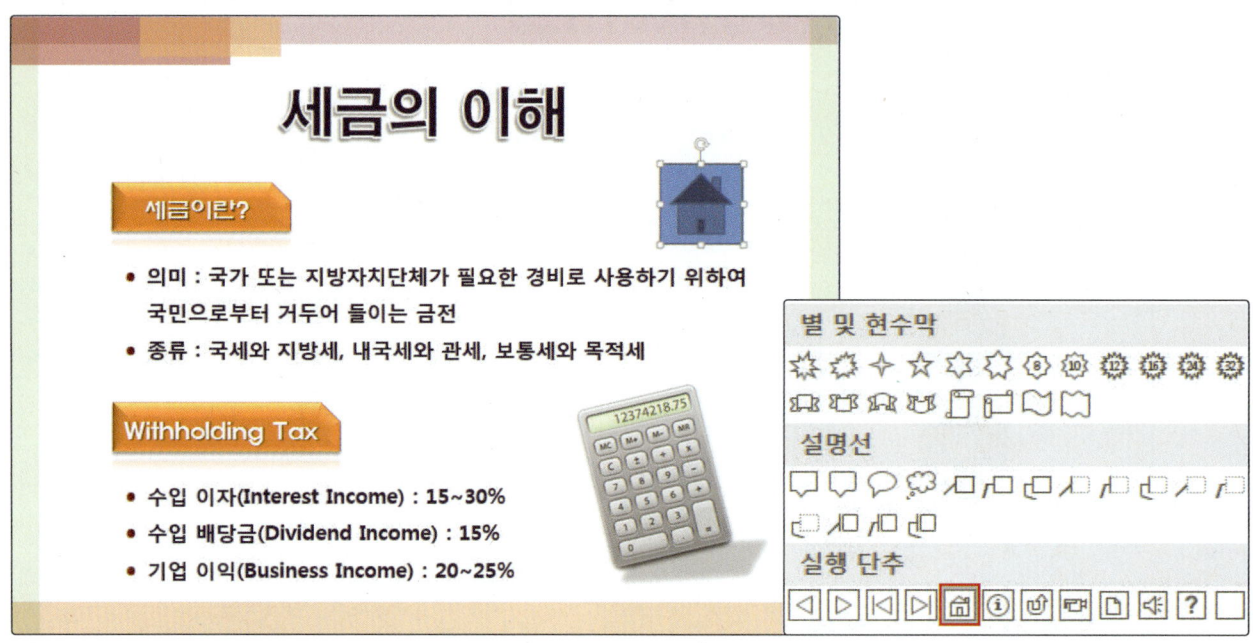

> **tip 실행 단추**
>
> - 뒤로 또는 이전/앞으로 또는 다음 : 이전/다음 슬라이드로 이동합니다.
> - 시작/끝 : 첫째/마지막 슬라이드로 이동합니다.
> - 홈 : 첫째 슬라이드로 이동합니다.

2. [실행 설정] 대화 상자가 나타나면 [마우스를 클릭할 때] 탭에서 '하이퍼링크'와 '첫째 슬라이드'를 선택하고 [확인] 단추를 클릭합니다.

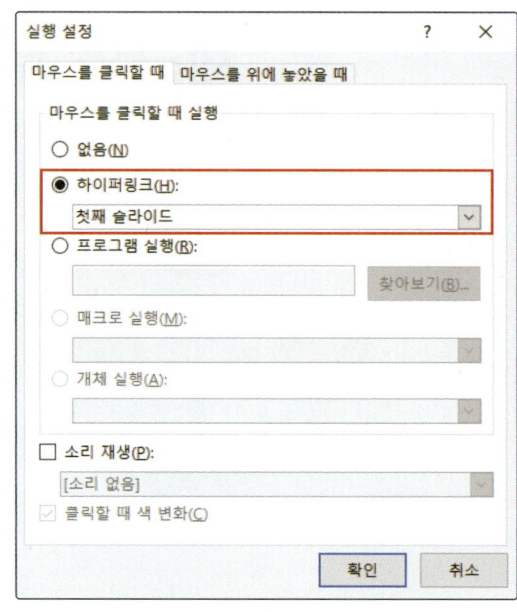

3. 실행 단추를 확인하기 위하여 [슬라이드 쇼] 탭의 [슬라이드 쇼 시작] 그룹에서 현재 슬라이드부터( ) 단추를 클릭합니다. 슬라이드 쇼가 실행되면 삽입한 실행 단추를 마우스로 클릭합니다.

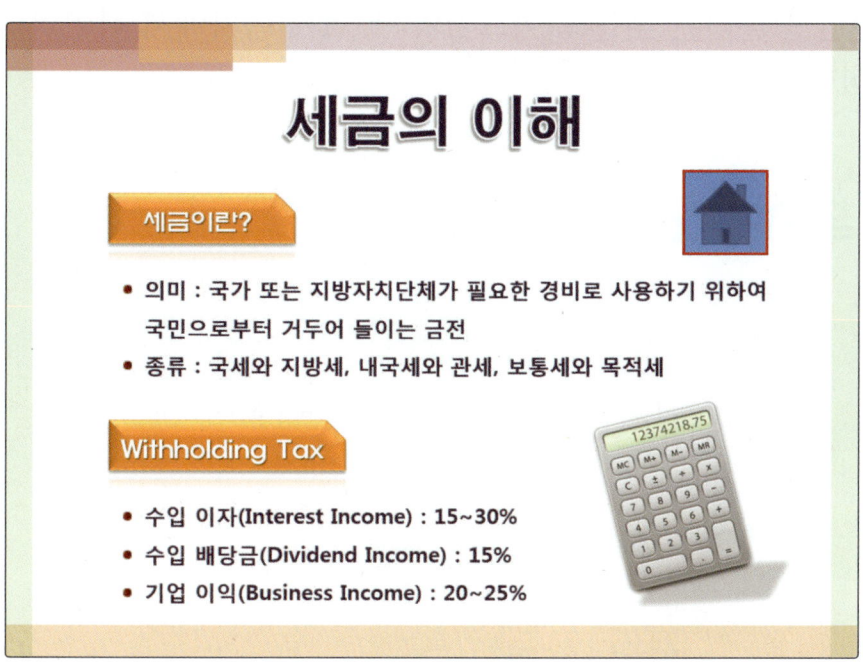

4. 그 결과 실행 단추에서 설정한 첫째 슬라이드(슬라이드 1)로 이동되는 것을 확인할 수 있습니다.

혼자 풀어보기

① '에너지.pptx' 파일을 불러온 후 슬라이드 2의 세 번째 목차에서 하이퍼링크(슬라이드 5)를 설정해 보세요.

② 슬라이드 5에서 이전 슬라이드로 이동하는 실행 단추를 삽입해 보세요.

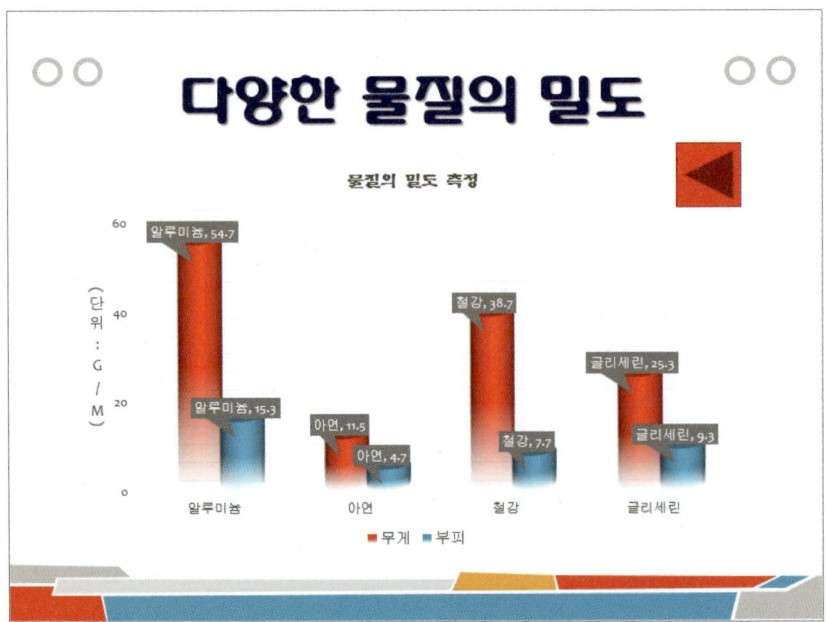

HINT [실행 설정] 대화 상자의 [마우스를 클릭할 때] 탭에서 '하이퍼링크'와 '이전 슬라이드'를 선택합니다.

③ 슬라이드 6에서 첫째(홈) 슬라이드로 이동하는 실행 단추를 삽입해 보세요.

④ 슬라이드 쇼에서 하이퍼링크와 실행 단추를 확인한 후 '에너지(완성).pptx' 파일로 저장해 보세요.

SECTION 19 슬라이드 예행 연습하기

예행 연습은 슬라이드 쇼에서 여러 프레젠테이션을 실행하기에 앞서 미리 연습하는 기능입니다. 여기에서는 프레젠테이션에서 예행 연습하는 방법과 각 슬라이드의 정확한 시간을 파악하는 방법에 대하여 알아봅니다.

1 슬라이드 예행 연습하기

1. '인구조사.pptx' 파일을 불러온 후 예행 연습을 하기 위하여 [슬라이드 쇼] 탭의 [설정] 그룹에서 예행 연습( ) 단추를 클릭합니다. 슬라이드 쇼가 실행되면 각 슬라이드마다 화면 왼쪽 상단에 슬라이드의 녹화 시간이 표시됩니다.

> **tip** 녹화 도구 상자
>
>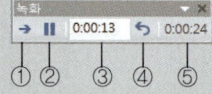
>
> ① 다음, ② 녹화 일시 중지, ③ 슬라이드 시간, ④ 반복, ⑤ 총 프레젠테이션 진행 시간

2. 슬라이드 시간을 직접 지정하려면 슬라이드 쇼에 표시된 녹화 도구 상자를 클릭하여 시간을 입력하고 Enter 키를 누르거나 다음(▷)을 클릭합니다.

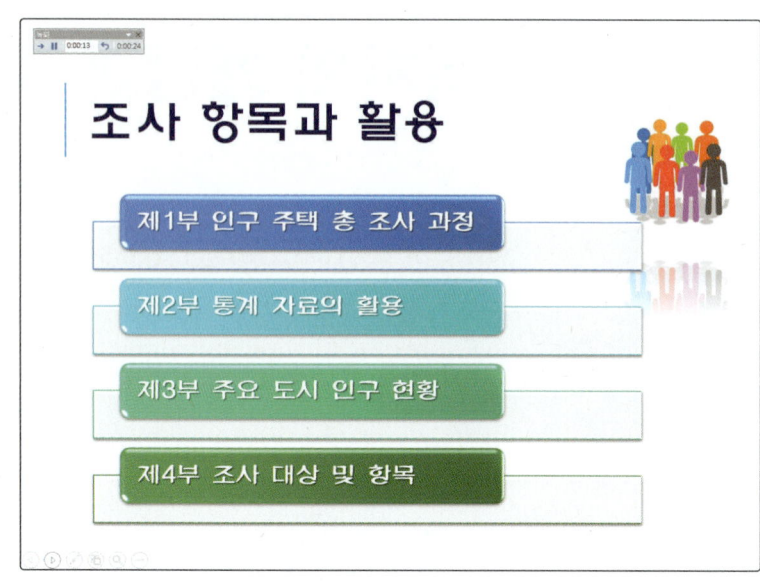

3. 모든 슬라이드 쇼의 예행 연습이 종료되면 슬라이드 쇼에 걸린 시간과 새 슬라이드 시간의 저장 유무를 묻는 대화 상자에서 [예] 단추를 클릭합니다.

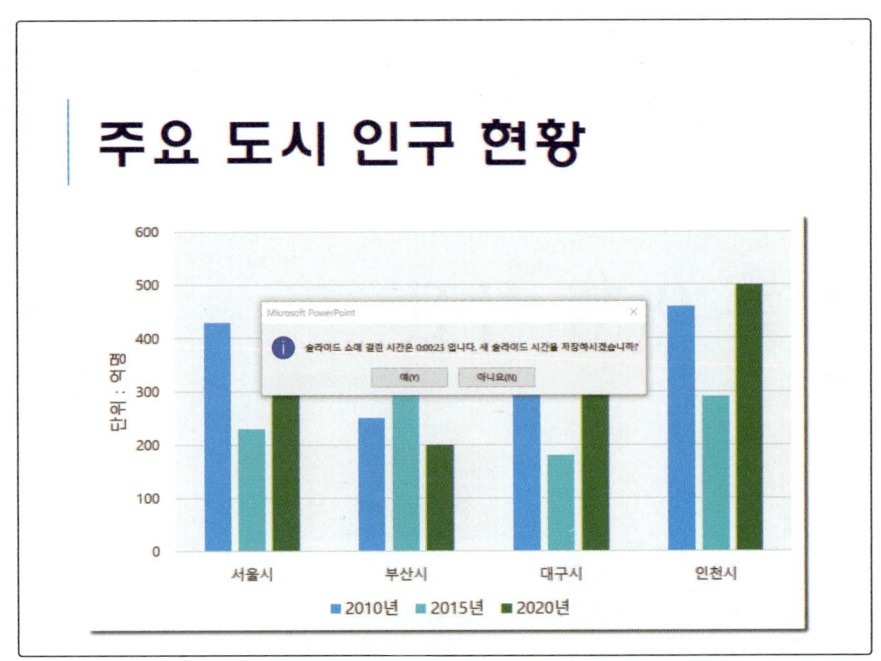

4. 상태 표시줄에서 여러 슬라이드( ) 단추를 클릭하면 여러 슬라이드 보기 화면이 나타나면서 각 슬라이드마다 녹화 시간이 표시됩니다.

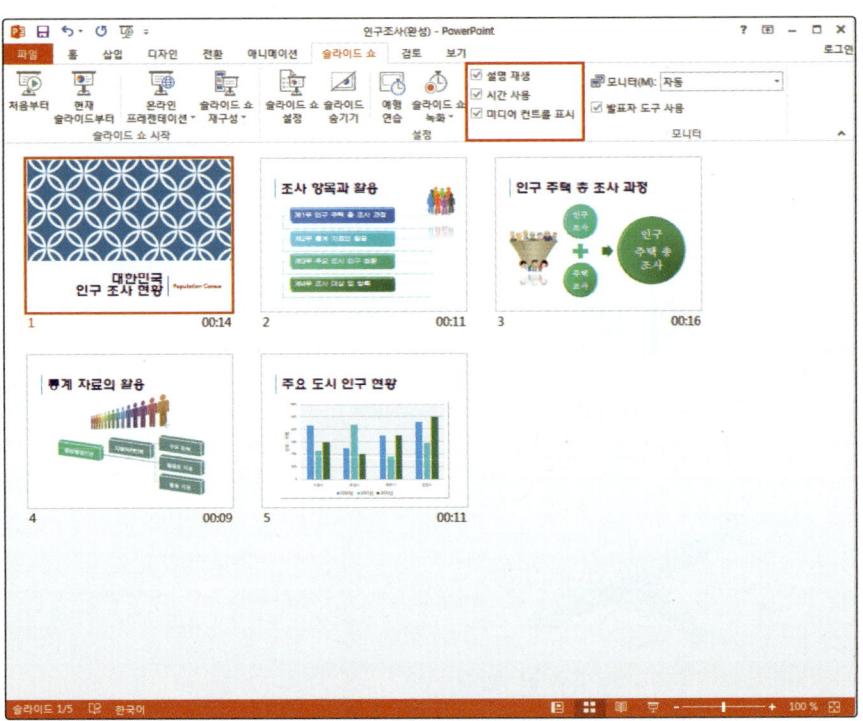

> **tip** [설정] 그룹 메뉴
> - 설명 재생 : 슬라이드 쇼 동안 오디오 설명 및 레이저 포인터 동작을 재생합니다.
> - 시간 사용 : 슬라이드 쇼 동안 슬라이드 및 애니메이션 시간을 재생합니다.
> - 미디어 컨트롤 표시 : 슬라이드 쇼 동안 포인터를 오디오 및 비디오 클립 위로 이동할 때 재생 컨트롤을 표시합니다.

혼자 풀어보기

① '앨범.pptx' 파일을 불러온 후 슬라이드 1과 슬라이드 2에는 예행 연습의 녹화 시간을 10초 이내로 설정해 보세요.

② 슬라이드 3과 슬라이드 4에는 예행 연습의 녹화 시간을 20초 이내로 설정해 보세요.

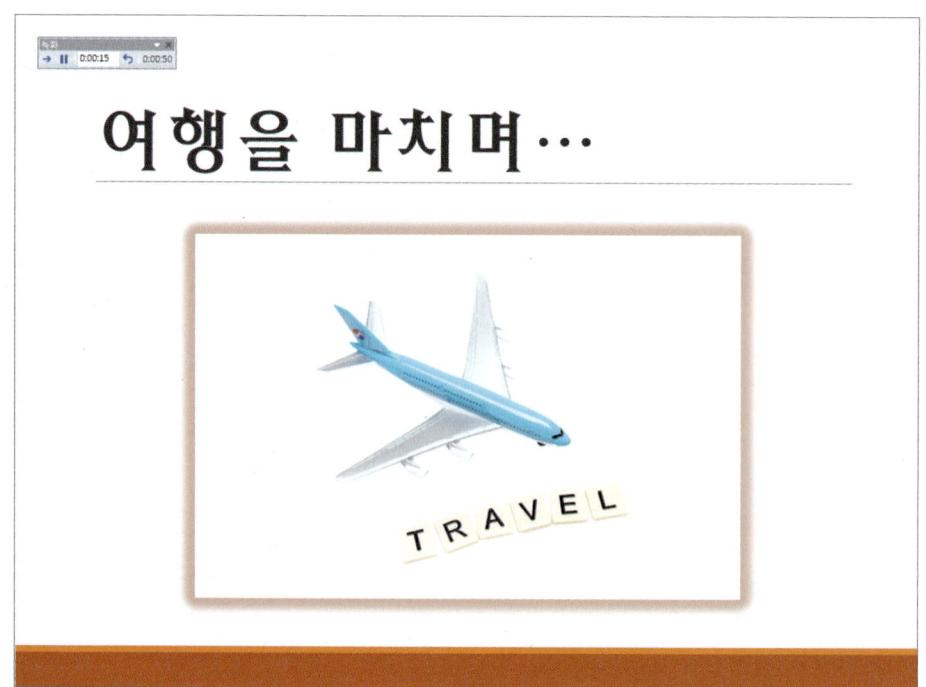

③ 각 슬라이드마다 설정한 녹화 시간을 모두 확인해 보세요.

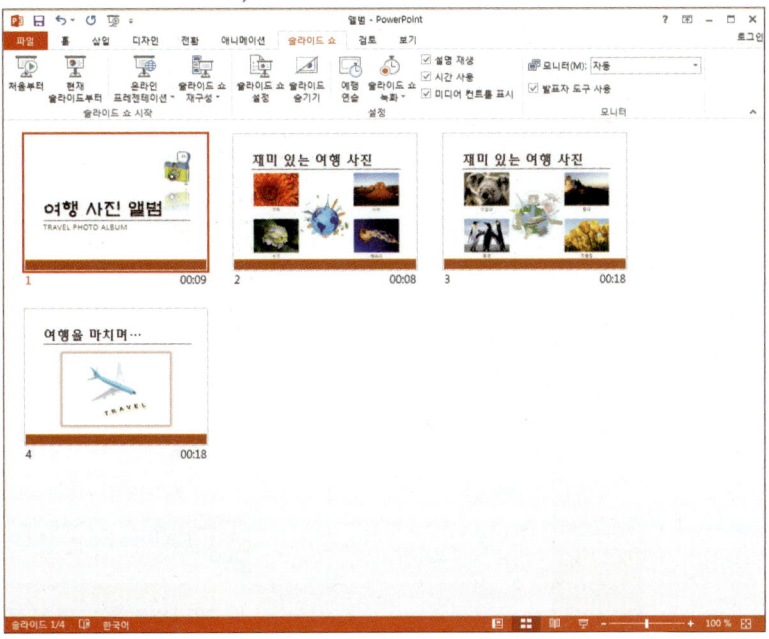

④ 여러 슬라이드 보기에서 슬라이드 2와 슬라이드 3을 일시적으로 숨기기한 후 '앨범(완성).pptx' 파일로 저장해 보세요.

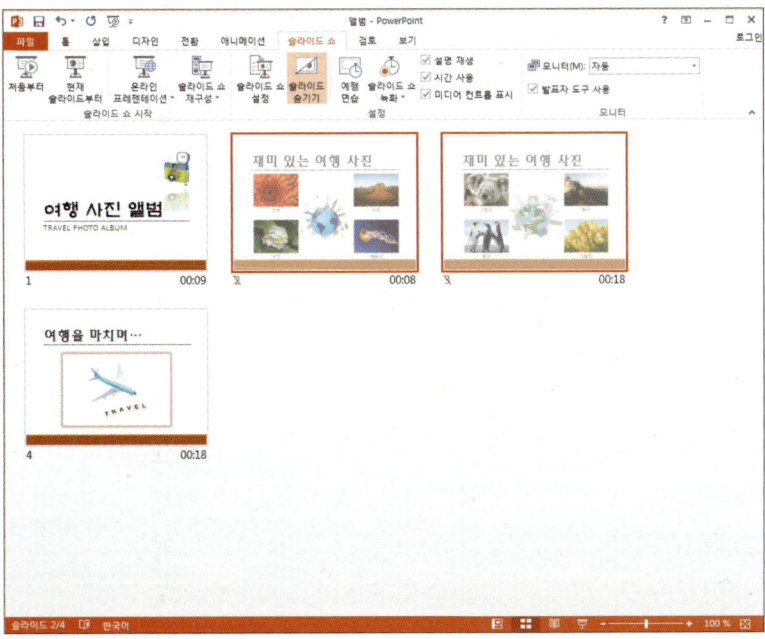

 두 개의 슬라이드를 선택한 후 [슬라이드 쇼] 탭의 [설정] 그룹에서 [슬라이드 숨기기] 단추를 클릭합니다.

슬라이드 인쇄하기

인쇄는 현재 슬라이드 내용을 종이에 프린트하는 기능으로 여기에서는 슬라이드를 인쇄하기 전에 여러 가지의 설정 사항을 확인하고 인쇄하는 방법에 대해 알아봅니다.

1 슬라이드 인쇄 설정하기

1. '에너지.pptx' 파일을 불러온 후 [파일] 탭에서 [인쇄]를 선택합니다. 인쇄 창이 나타나면 프린터의 '프린터 속성'을 클릭합니다.

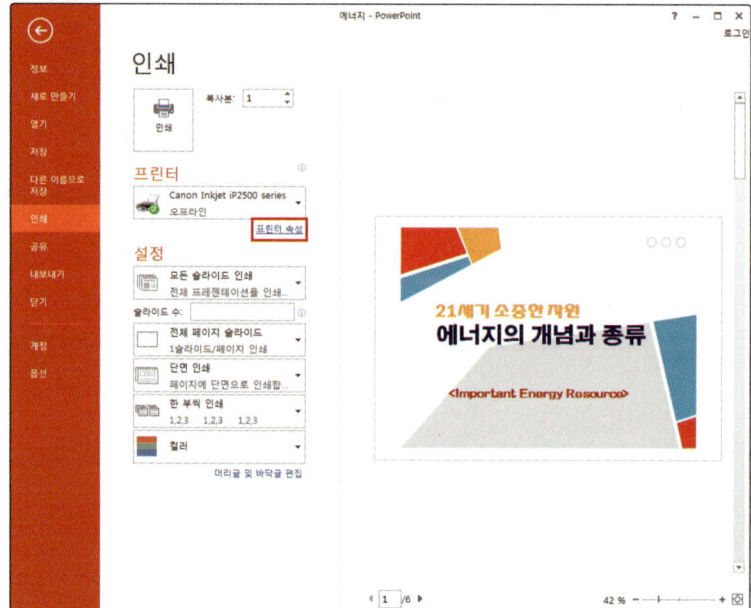

> **tip** 머리글 및 바닥글 편집
> [머리글/바닥글] 대화 상자에서 날짜 및 시간, 페이지 번호, 머리글/바닥글을 설정할 수 있습니다.

2. [프린터 속성] 대화 상자의 [기본] 탭에서 용지 방향, [용지] 탭에서 인쇄 매수와 용지 종류 등을 설정하고 [확인] 단추를 클릭합니다.

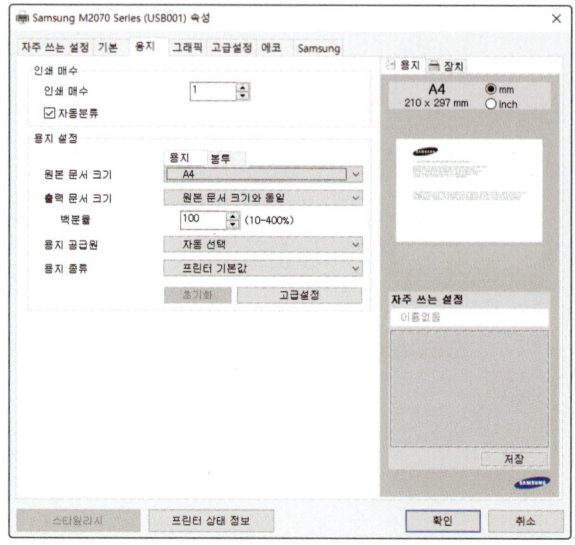

3. 다시 인쇄 창이 나타나면 [전체 페이지 슬라이드]를 클릭하고 유인물에서 '6슬라이드 가로'를 선택합니다.

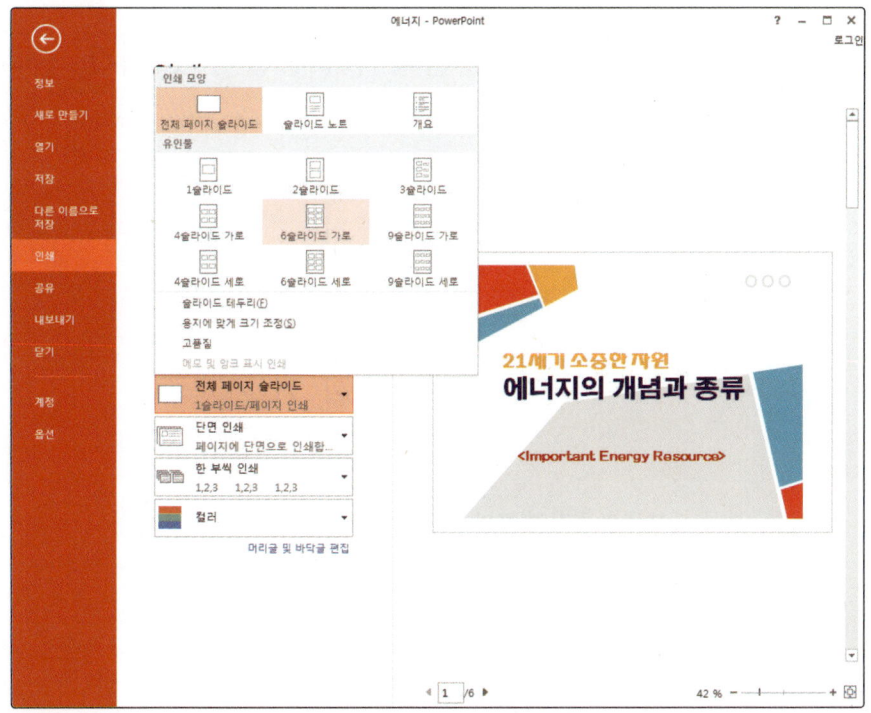

tip 유인물 기능 : 프레젠테이션을 진행하는 동안 청중들이 보거나 참조할 수 있도록 미리 배포하는 인쇄물로 프린트 시 인쇄 모양을 지정할 수 있습니다.

4. 이번에는 용지 방향을 '가로 방향'으로 선택한 후 미리 보기를 확인하고 인쇄(🖨) 단추를 클릭합니다.

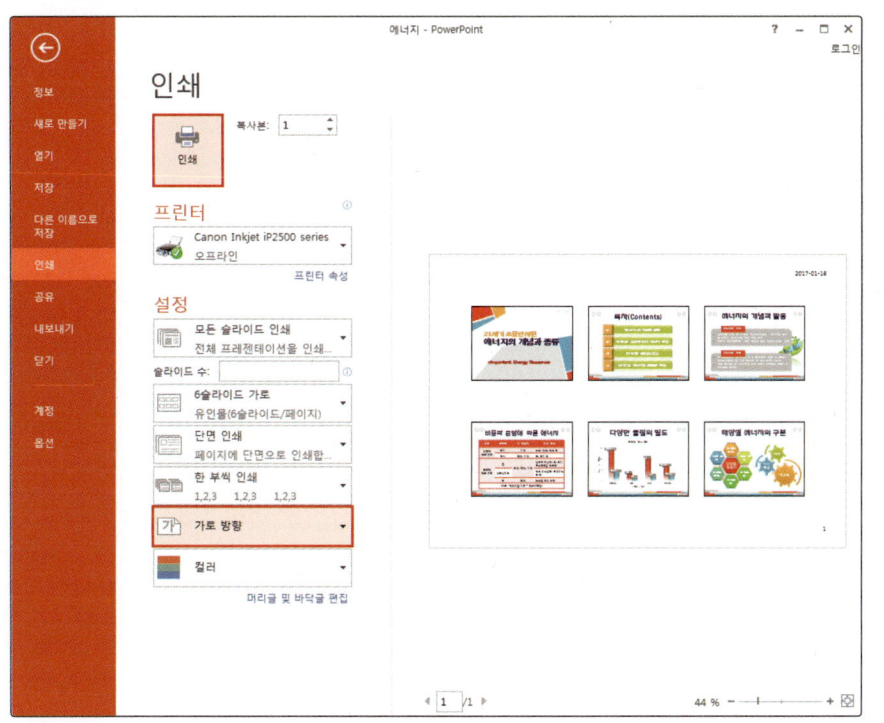

tip 인쇄 매수 : 프린트할 인쇄 매수는 복사본에서 원하는 수치(장)를 지정하면 됩니다.

Section 20 슬라이드 인쇄하기 **107**

혼자 풀어보기

1 '세금.pptx' 파일을 불러온 후 인쇄 시 모든 슬라이드에 날짜 및 시간, 슬라이드 번호, 바닥글(세금(Tax))을 지정해 보세요.

HINT [머리글/바닥글] 대화 상자의 [슬라이드] 탭에서 '날짜 및 시간', '슬라이드 번호', '바닥글'을 지정하고 [모두 적용] 단추를 클릭합니다.

2 유인물을 '6슬라이드 세로'로 지정한 후 인쇄 매수를 3장으로 설정해 보세요.

종합문제

종합문제 1. 다음의 조건에 따라 프레젠테이션을 작성하세요.

- 슬라이스 테마를 적용한 후 주어진 제목 슬라이드를 작성하고, '서울뉴스.pptx' 파일로 저장하세요.

- 제목 및 내용 슬라이드에 이온 테마를 적용한 후 주어진 내용을 작성하고, '공원이용.pptx' 파일로 저장하세요.

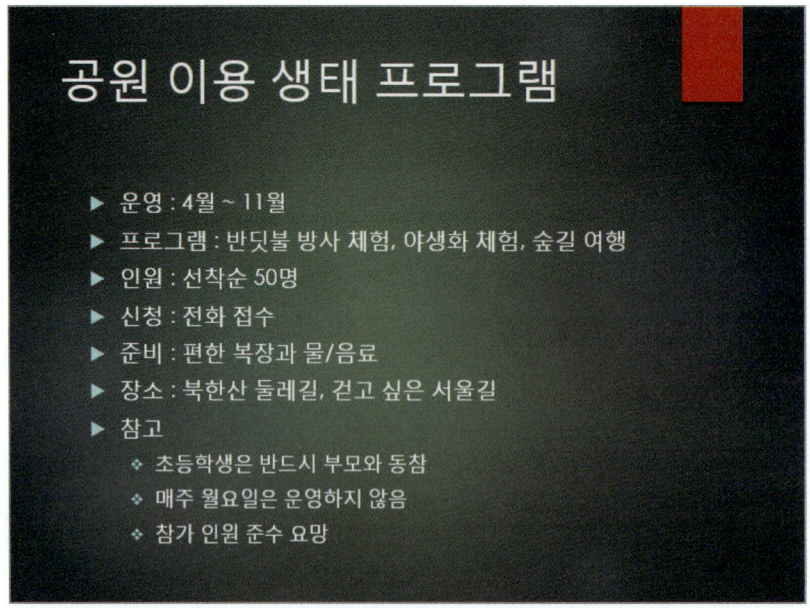

 마지막 내용에서 글머리 기호를 변경합니다.

 조건3
- 콘텐츠 2개 슬라이드에 추억 테마를 적용한 후 주어진 내용을 작성하고, '학습.pptx' 파일로 저장하세요.

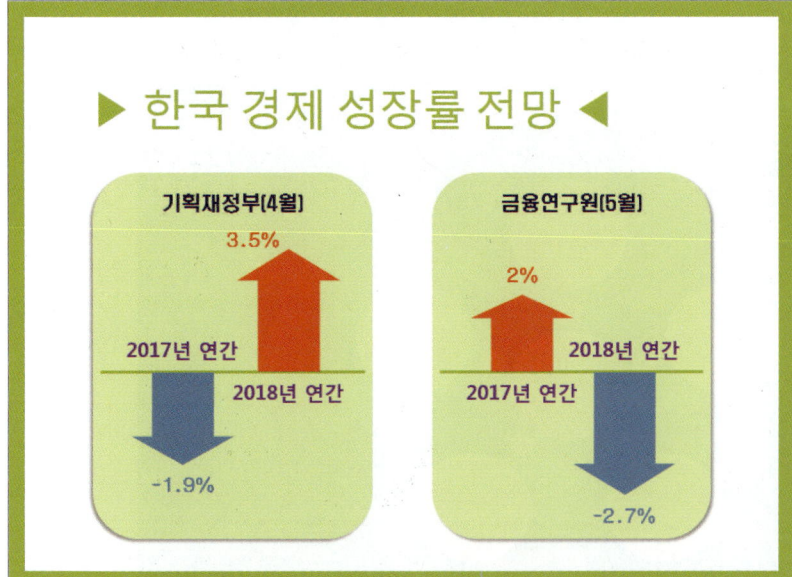

 HINT
한글 자음(ㅁ)을 이용하여 기호를 삽입하고, 입력 형태에 맞게 한자를 변환합니다.

 조건4
- 제목만 슬라이드에 기본 테마를 적용한 후 주어진 도형을 작성하고, '성장률.pptx' 파일로 저장하세요.

 HINT
모든 도형을 작성한 후 그룹으로 묶습니다.

 조건5
- 빈 화면 슬라이드에 어린이 테마를 적용한 후 주어진 WordArt를 작성하고, '북카페.pptx' 파일로 저장하세요.

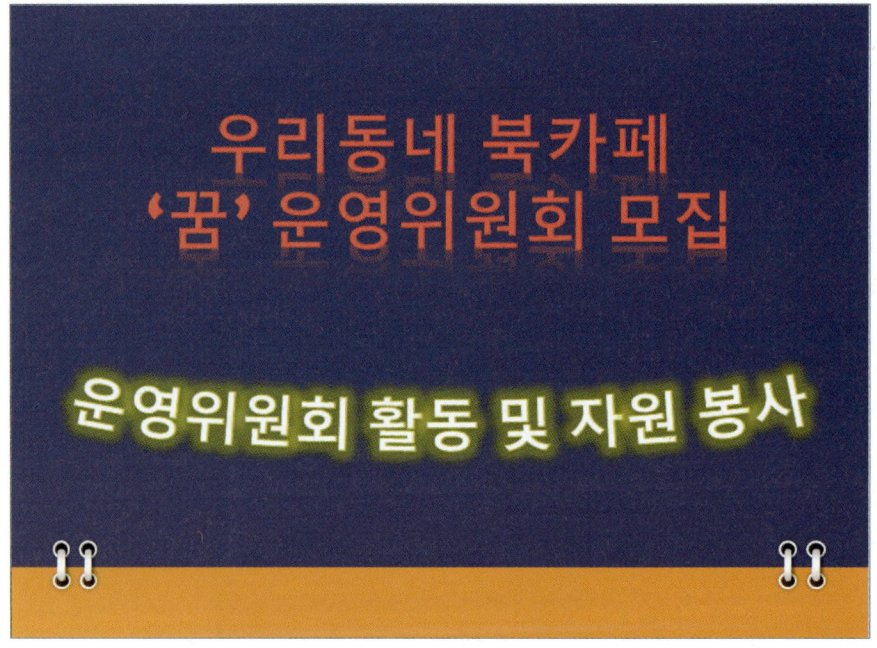

HINT 텍스트 효과에는 반사, 네온, 변환을 지정합니다.

 조건6
- 빈 화면 슬라이드에 비행기 구름 테마를 적용한 후 주어진 SmartArt를 작성하고, '스마트.pptx' 파일로 저장하세요.

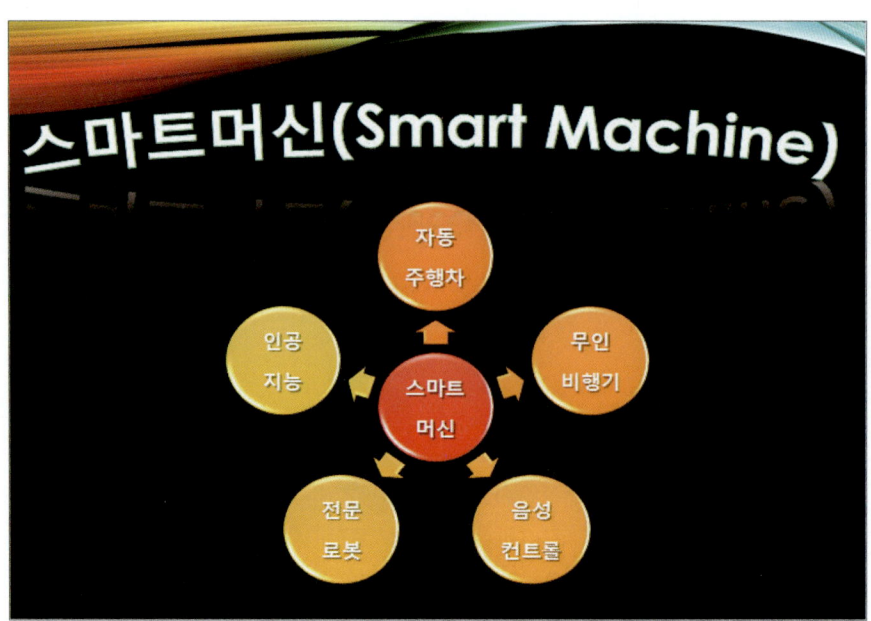

HINT 분기 방사형을 삽입한 후 도형을 추가하고, 색 변경과 SmartArt 스타일을 지정합니다.

종합문제 2. 다음의 조건에 따라 프레젠테이션을 작성하세요.

 조건1
- 제목만 슬라이드에 이온(회의실) 테마를 적용한 후 도형과 온라인 그림으로 차트를 작성하고, '수출규모.pptx' 파일로 저장하세요.

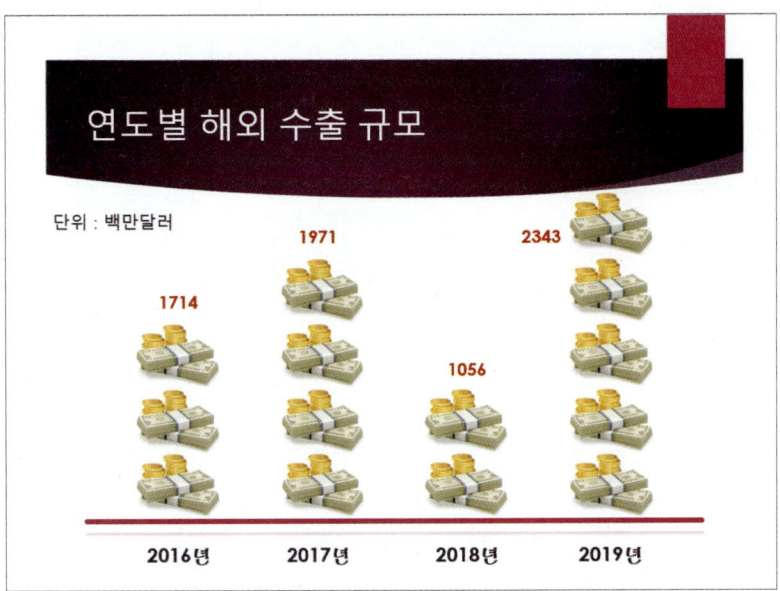

 HINT 온라인 그림은 "지폐"를 검색하여 삽입한 후 복사한 그림은 세로 간격을 동일하게 합니다.

 조건2
- 제목 및 내용 슬라이드에 우주 테마를 적용한 후 주어진 표를 작성하고, '음악수업.pptx' 파일로 저장하세요.

분야	프로그램명	시간	요일	수강료 (3개월)	대상	장소
음악	피아노(바이엘)	09:00~10:00	월~수	60,000원	전체	피아노 교실
	피아노(체르니)	10:00~11:00		70,000원		
	피아노(전문가)	15:00~17:00	금	80,000원		
	드럼(기초반)	13:00~14:00	화~목	50,000원		드럼 교실
	드럼(전문반)	11:00~12:00		55,000원		
	우쿨렐라	14:00~15:30	토	90,000원		음악 교실
	하모니카	17:00~18:00	월	30,000원		3층 강당
	바이올린	16:00~17:00	금	75,000원		놀이 교실

 HINT 표를 작성한 후 표 스타일과 그림자 효과를 지정합니다.

- 제목 및 내용 슬라이드에 그물 테마를 적용한 후 주어진 차트를 작성하고, '컴퓨터.pptx' 파일로 저장하세요.

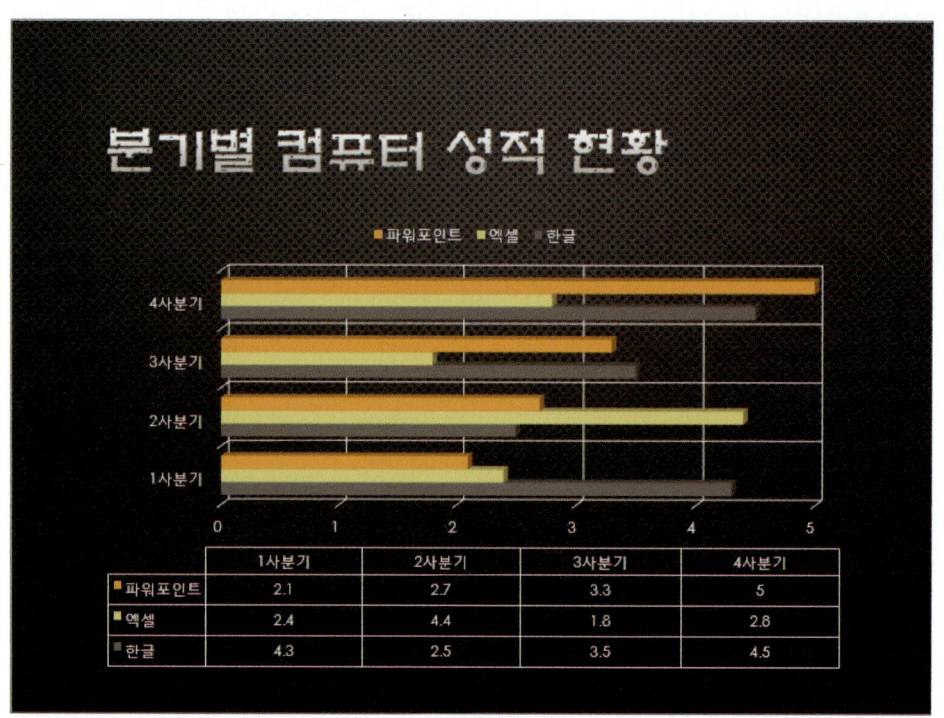

HINT 차트를 작성한 후 데이터 표, 눈금선, 범례를 변경한 후 색 변경을 지정합니다.

- 콘텐츠 2개 슬라이드에 심플 테마를 적용한 후 주어진 SmartArt와 차트를 작성하고, '개성공단.pptx' 파일로 저장하세요.

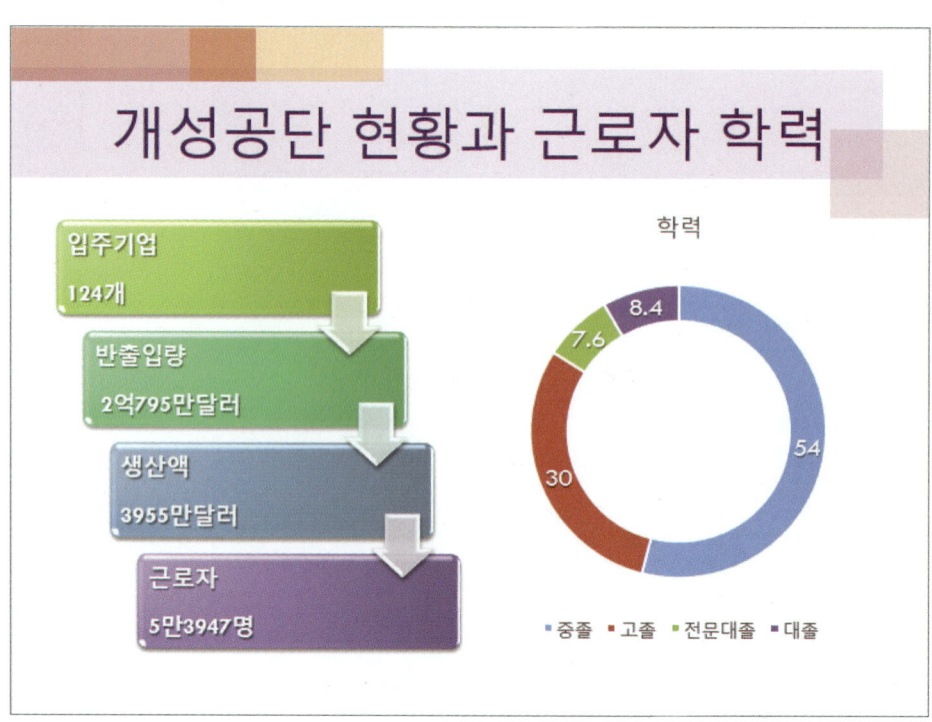

종합문제 3. 다음의 조건에 따라 프레젠테이션을 편집하세요.

 • '행복지수.pptx' 파일을 열기한 후 화면 전환 효과로 '반짝이기 – 오른쪽으로 다이아몬드'를 적용하세요.

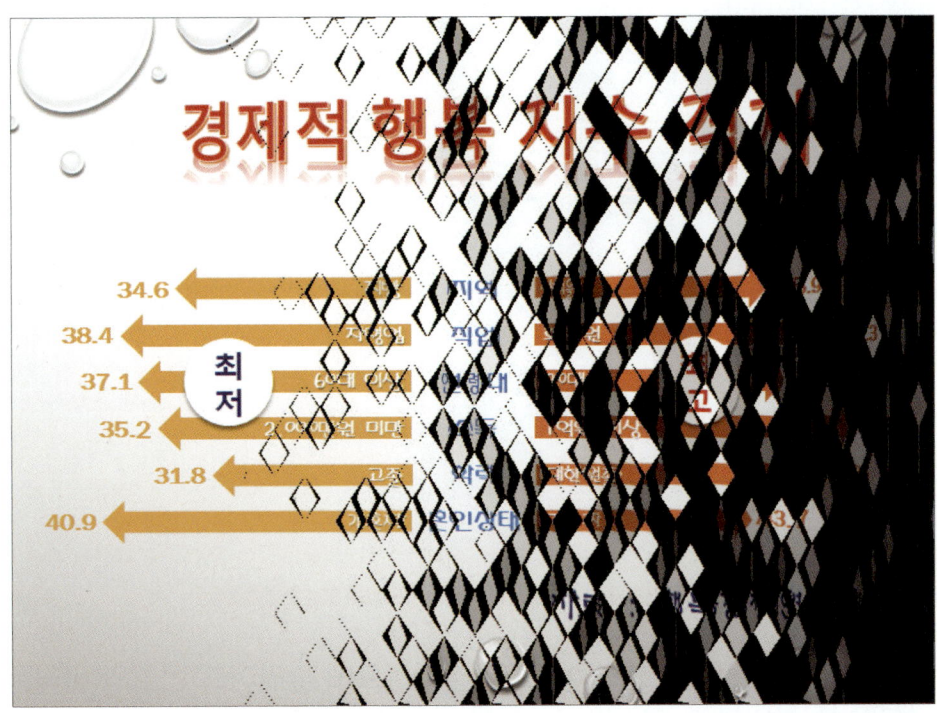

 • '소비자.pptx' 파일을 열기한 후 제목은 '시계 방향 회전', 차트는 '펄스', 온라인 그림은 '실선 무늬'의 애니메이션을 각각 지정하세요.

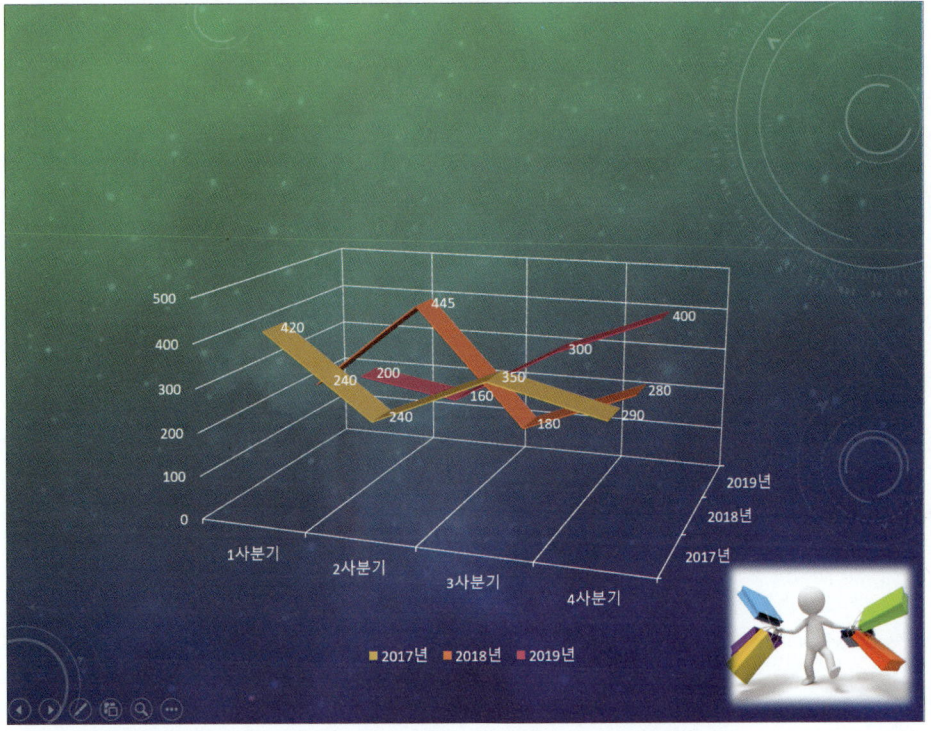

- '생체인식.pptx' 파일을 열기한 후 각 슬라이드의 예행 연습 녹화 시간을 10초 이내로 설정하세요.

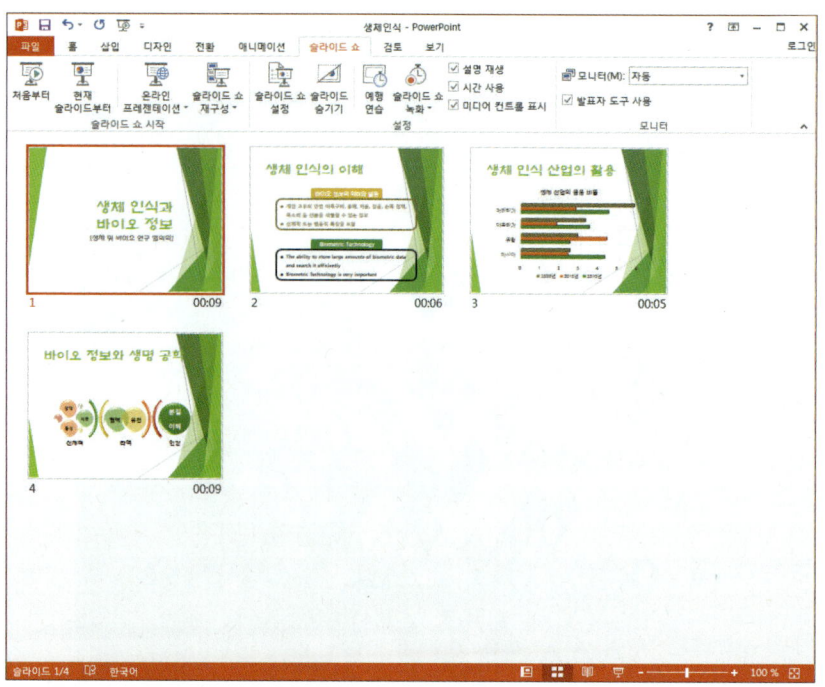

- '생체인식.pptx' 파일에서 인쇄 시 모든 슬라이드에 슬라이드 번호와 바닥글(생체인식)을 지정한 후 유인물을 '4슬라이드 가로'로 지정하세요.

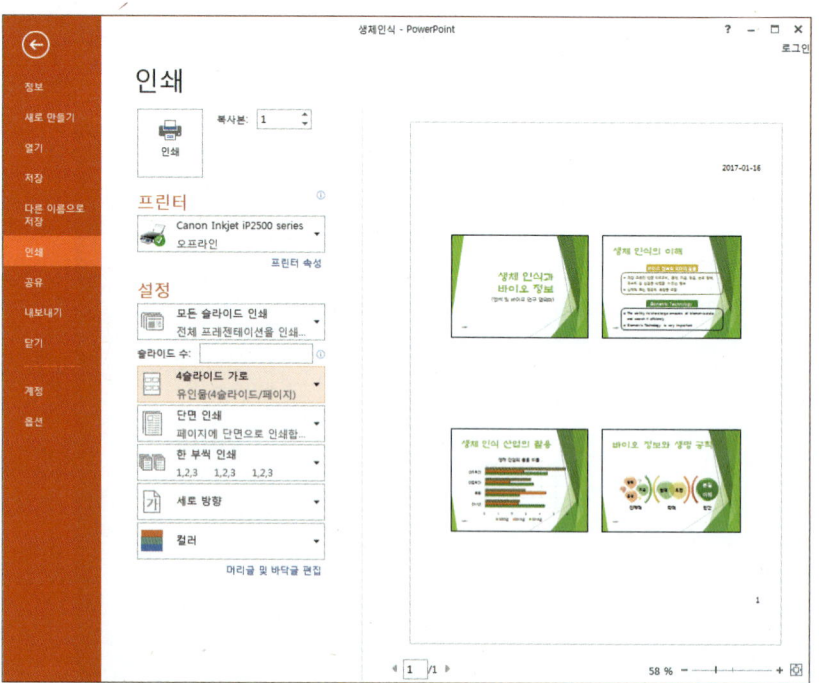

 [머리글/바닥글] 대화 상자의 [슬라이드] 탭에서 '슬라이드 번호'와 '바닥글'을 지정하고, [모두 적용] 단추를 클릭합니다.

종합문제 4. 다음의 조건에 따라 프레젠테이션을 작성하세요.

- 빈 화면 슬라이드에 베를린 테마를 적용한 후 주어진 WordArt, 도형, 온라인 그림을 삽입하고, '씀씀이.pptx' 파일로 저장하세요.

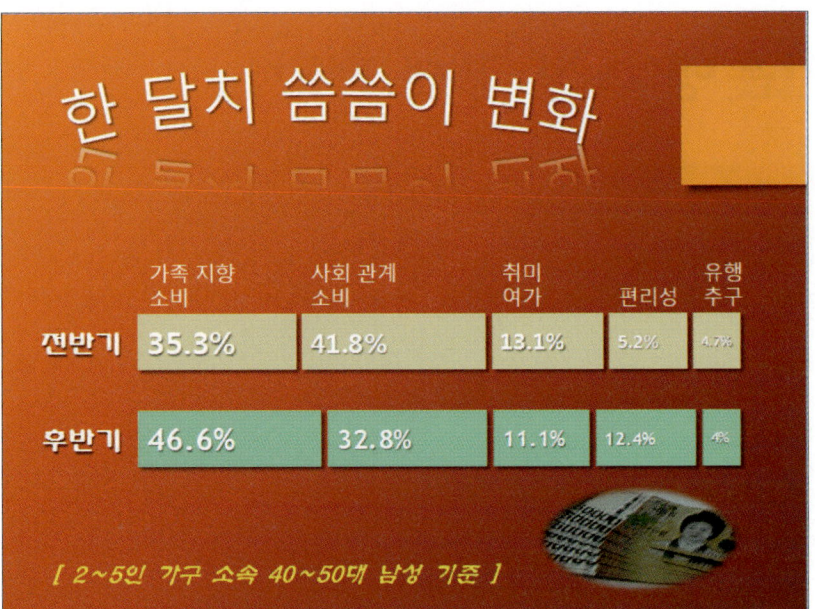

HINT WordArt, 도형, 온라인 그림(지폐)에 각각의 효과를 지정한 후 내용은 가로 텍스트 상자를 이용합니다.

- 빈 화면 슬라이드에 교육 테마를 적용한 후 주어진 WordArt, SmartArt를 삽입하고, '보험산업.pptx' 파일로 저장하세요.

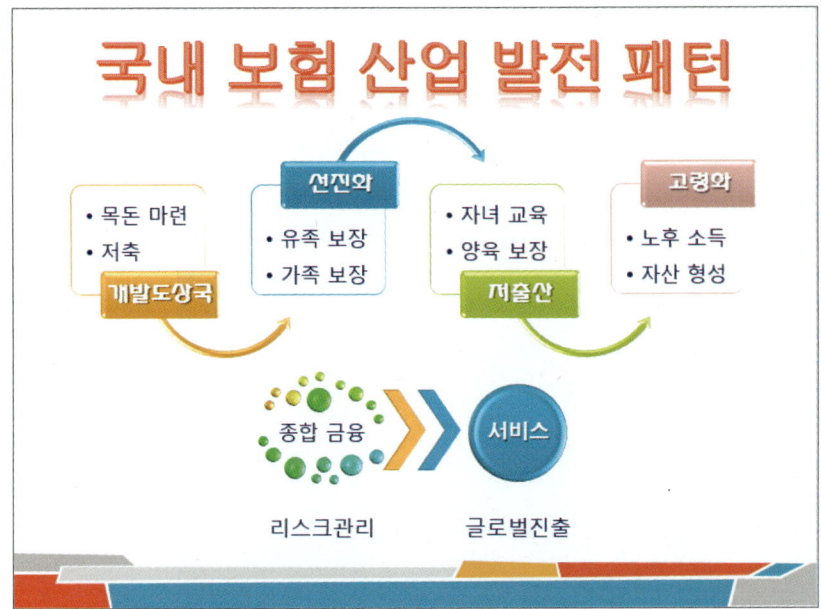

HINT 교대 흐름형과 무작위 결과 프로세스형을 삽입한 후 색 변경과 스타일을 지정하고, 글꼴 서식을 변경합니다.

 • 콘텐츠 2개 슬라이드에 물방울 테마를 적용한 후 주어진 표와 차트를 삽입하고, '경제전망.pptx' 파일로 저장하세요.

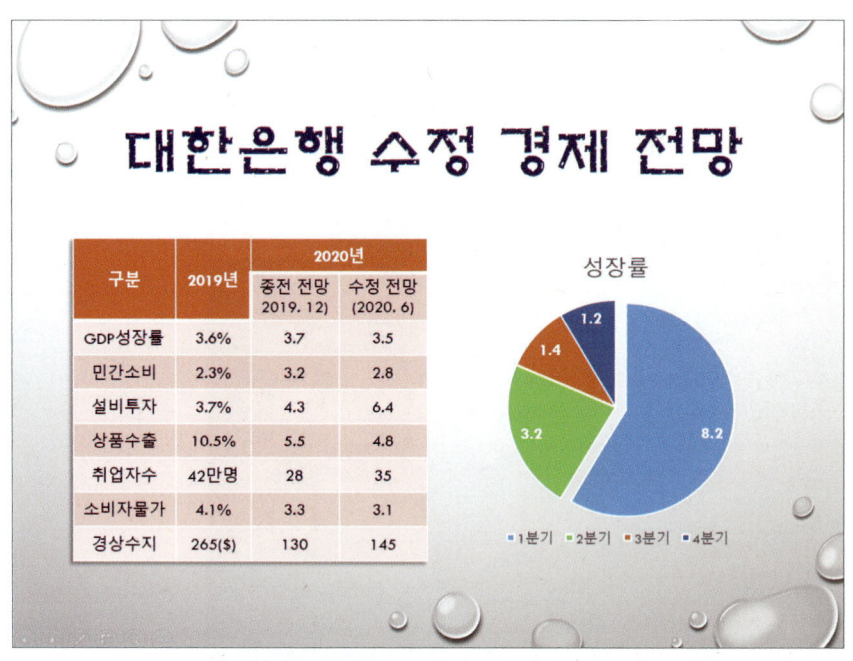

HINT 표에는 표 스타일과 효과를 지정한 후 차트에는 데이터 레이블을 적용하고, '1분기' 계열을 드래그하여 분리합니다.

 • 콘텐츠 2개 슬라이드에 매듭 테마를 적용한 후 주어진 차트와 SmartArt를 삽입하고, '설정액.pptx' 파일로 저장하세요.

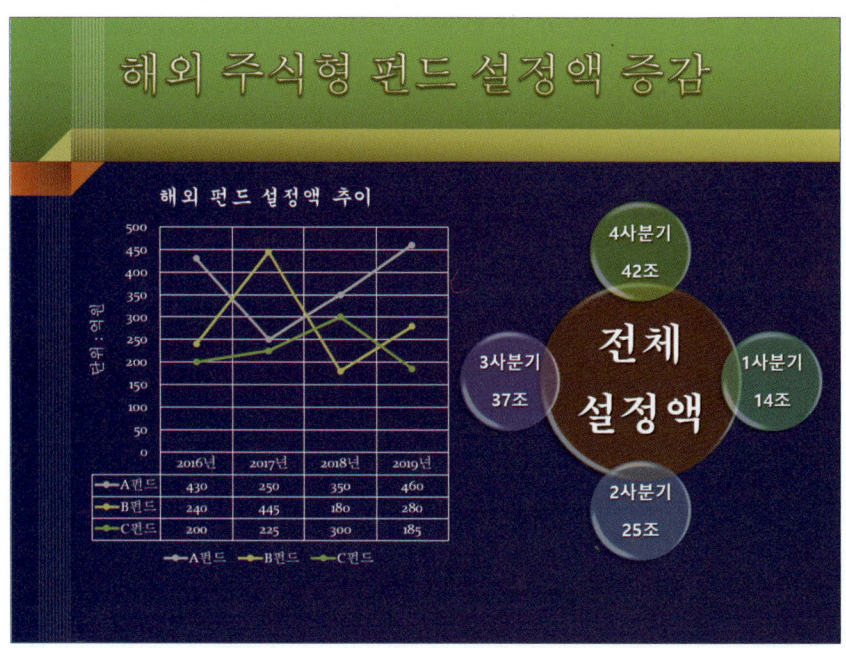

- '부채율.pptx' 파일을 열기한 후 화면 전환 효과로 '소용돌이 – 왼쪽에서'를 적용하세요.

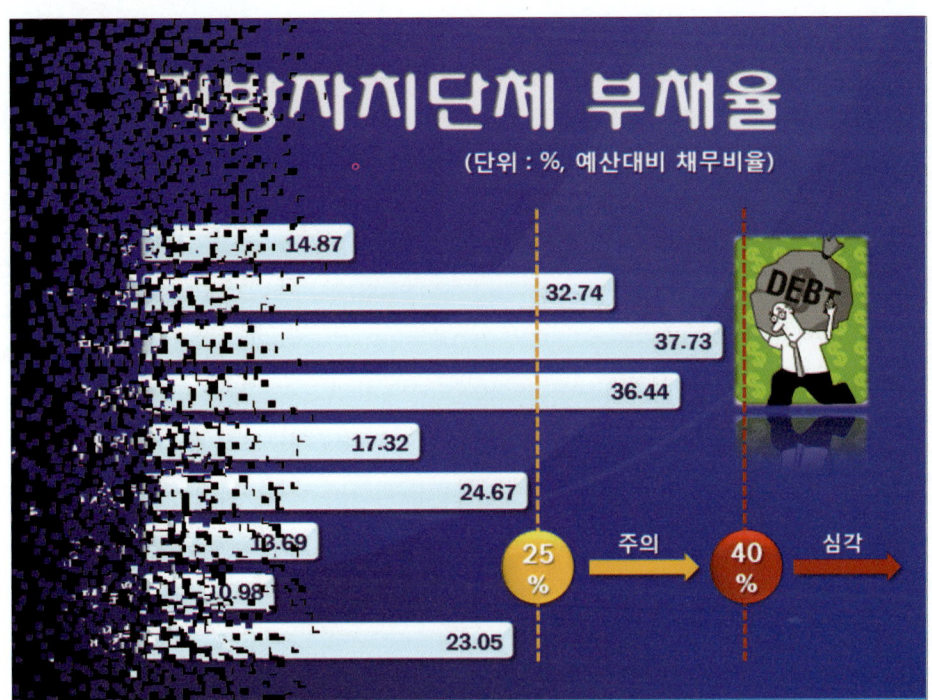

- '조사항목.pptx' 파일을 열기한 후 제목은 '추가 나타내기 효과 – V자형', 왼쪽 도형은 '추가 강조하기 효과 – 회전', 오른쪽 도형은 '추가 끝내기 효과 – 블라인드'의 애니메이션을 각각 지정하세요.

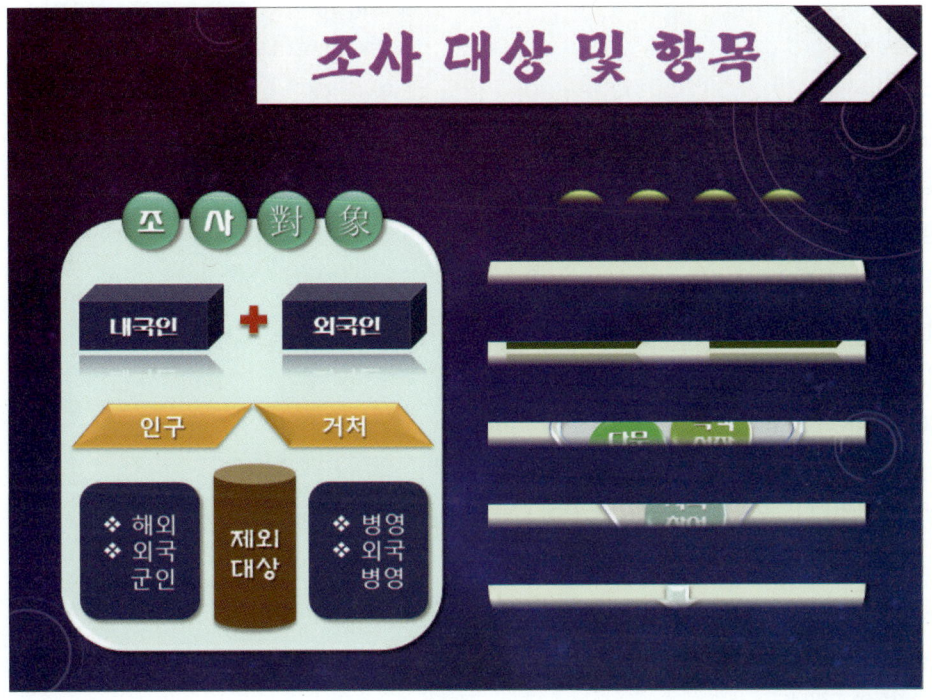

Start! 첫걸음
파워포인트 2016 단계별 정복하기

2018년 5월 30일 초판 발행
2024년 8월 10일 4판 인쇄
2024년 8월 20일 4판 발행

펴낸이	김정철
펴낸곳	아티오
지은이	김도린
표지 디자인	박효은
편집 디자인	이효정
전 화	031-983-4092~3
팩 스	031-696-5780
등 록	2013년 2월 22일
정 가	8,000원
홈페이지	http://www.atio.co.kr
주 소	경기도 고양시 호수로 336 (브라운스톤, 백석동)

국립중앙도서관 출판예정도서목록(CIP)

(Start! 첫걸음) 파워포인트2016 : 단계별 정복하기 / 지은이: 김도린. ─ 김포 : 아티오, 2018
　　p. ;　cm

ISBN 979-11-88059-39-3 13000 : ₩8000

파워 포인트(소프트웨어)[Power Point]

005.55-KDC6
005.58-DDC23　　　　　　　　　CIP2018013760

* 예제 소스는 아티오(www.atio.co.kr) [자료실]에서 다운받으시면 됩니다.
* 아티오는 Art Studio의 줄임말로 혼을 깃들인 예술적인 감각으로 도서를 만들어 독자에게 최상의 지식을 전달해 드리고자 하는 마음을 담고 있습니다.
* 잘못된 책은 구입처에서 교환하여 드립니다.
* 이 책의 저작권은 저자에게, 출판권은 아티오에 있으므로 허락없이 복사하거나 다른 매체에 옮겨 실을 수 없습니다